『一带一路』列国人物传系　总主编◎王一丽

雄才大略

汉武帝传

徐帮学　刘强伦◎主编

華文出版社
SINO-CULTURE PRESS

图书在版编目（CIP）数据

汉武帝传 ：雄才大略 / 徐帮学，刘强伦主编．--北京 ：华文出版社，2022.6（2023.6 重印）
（“一带一路”列国人物传系）
ISBN 978-7-5075-5389-5

Ⅰ．①汉… Ⅱ．①徐… ②刘… Ⅲ．①汉武帝（前156–前87）–传记 Ⅳ．①K827=3413

中国版本图书馆CIP数据核字(2020)第236985号

汉武帝传：雄才大略

主　　编：徐帮学　刘强伦
责任编辑：谭　笑
出版发行：华文出版社
社　　址：北京市西城区广外大街 305 号 8 区 2 号楼
邮政编码：100055
网　　址：http://www.hwcbs.cn
投稿信箱：784263235@qq.com
电　　话：总 编 室 010–58336239
发 行 部 010–58336202/58336212
责任编辑 010–58336237
经　　销：新华书店
印　　刷：三河市嵩川印刷有限公司
开　　本：880×1230　1/32
印　　张：9
字　　数：148 千字
版　　次：2022 年 6 月第 1 版
印　　次：2023年 6 月第 3 次印刷
标准书号：ISBN 978-7-5075-5389-5
定　　价：58.00 元

“‘一带一路’列国人物传系”编辑委员会

总 序

群星闪耀"一带一路"

"2100多年前，中国汉代的张骞肩负和平友好使命，两次出使中亚，开启了中国同中亚各国友好交往的大门，开辟出一条横贯东西、连接欧亚的丝绸之路。"[①]2013年9月7日，中国国家主席习近平在哈萨克斯坦纳扎尔巴耶夫大学发表演讲，以博古通今的睿智对大学生们娓娓道来丝绸之路古老而年轻的故事。

"我的家乡陕西，就位于古丝绸之路的起点。站在这里，回首历史，我仿佛听到了山间回荡的声声驼铃，看到了大漠飘飞的袅袅孤烟。这一切，让我感到十分亲切。哈萨克斯坦这片土地，是古丝绸之路经过的地方，曾经为沟通东西方文明，促进不同民族、不同文化相互交流和合作作出过重要贡献。

① 《习近平谈治国理政》，外文出版社，2014年10月第1版，第287页。

东西方使节、商队、游客、学者、工匠川流不息，沿途各国互通有无、互学互鉴，共同推动了人类文明进步。”“不同种族、不同信仰、不同文化背景的国家完全可以共享和平、共同发展。这是古丝绸之路留给我们的宝贵启示”，“为了使我们欧亚各国经济联系更加紧密、相互合作更加深入、发展空间更加广阔，我们可以用创新的合作模式，共同建设‘丝绸之路经济带’”。①推己及人，高瞻远瞩，引领时代，习主席在阿斯塔纳②通过哈萨克斯坦人民，首次向世界发出了让古老的丝路精神再次焕发青春和光彩的时代宣言。

2013 年 10 月 3 日，习主席在印度尼西亚国会发表了题为《共同建设二十一世纪“海上丝绸之路”》的演讲：“东南亚地区自古以来就是‘海上丝绸之路’的重要枢纽，中国愿同东盟国家加强海上合作，使用好中国政府设立的中国－东盟海上合作基金，发展好海洋合作伙伴关系，共同建设 21 世纪‘海上丝绸之路’”，“发挥各自优势，实现多元共生、包容共进，共同造福于本地区人民和世界各国人民”。③这个倡议和 9 月 7 日的演讲异曲同工、

① 《习近平谈治国理政》，外文出版社，2014 年 10 月第 1 版，第 287 页。

② 哈萨克斯坦新首都名称。

③ 同①，第 293–295 页。

遥相呼应、互为映衬，完整地提出了“丝绸之路经济带”和“21世纪海上丝绸之路”的宏伟构想。

从广袤的亚欧腹地哈萨克斯坦到风光旖旎的印度尼西亚，习主席提出的“丝绸之路经济带”和“21世纪海上丝绸之路”吸引了世界各国的目光。从2013年9月至2016年8月，习近平出访37个国家（亚洲18国、欧洲9国、非洲3国、拉美4国、大洋洲3国），对“一带一路”倡议的总体框架和基本内涵做了充分阐述。和平合作、开放包容、互鉴互学、互利共赢的丝路精神，共商、共建、共享的合作理念，驱散了“去全球化”的阴霾，为增长低迷的世界经济注入新的动能。各国纷纷将本国经济发展与中国政府制定的《推动共建丝绸之路经济带和21世纪海上丝绸之路的愿景与行动》规划相衔接。“一带一路”倡导的政策沟通、设施联通、贸易畅通、资金融通、民心相通等“五通”，正在以基础设施、经贸合作、产业投资、能源资源、金融支撑、人文交流、生态环保、海洋合作等为载体和依托，在全球掀起了投资兴业、互联互通、技术创新、产能合作的新势头。2016年中国牵头成立有57个成员国加入的亚洲基础设施投资银行（AIIB），2017年3月23日迎来13个新伙伴。孟加拉配电系统升级扩容项目、印尼全国棚户区改造项目、巴基斯坦国家高速公路项目和塔吉克斯坦杜尚别至乌兹别克斯坦道路改造项目已经获得亚投行金融支持，共商共建成为现实。

“一带一路”倡议得到国际社会的热烈响应。2016 年 11 月 17 日，第 71 届联合国大会 193 个成员一致赞同，通过了第 A/71/9 号决议，欢迎“一带一路”倡议，敦促各国通过参与“一带一路”，呼吁国际社会为开展“一带一路”建设提供安全保障环境。2017 年 3 月 17 日，联合国安理会全票赞成，一致通过第 2344 号决议，呼吁国际社会凝聚援助阿富汗共识，通过“一带一路”建设等加强区域经济合作，敦促各方为“一带一路”建设提供安全保障环境。

2017 年 1 月，习近平主席在联合国日内瓦总部发表题为《共同构建人类命运共同体》的重要演讲，全面深入系统阐述人类命运共同体重大理念，在国际上引起热烈反响，受到各方普遍欢迎和高度评价。3 月 23 日，联合国人权理事会第 34 次会议通过关于“经济、社会、文化权利”和“粮食权”两个决议，决议明确表示要通过“一带一路”建设“构建人类命运共同体”。这是人类命运共同体重大理念首次载入人权理事会决议，标志着这一理念成为国际人权话语体系的重要组成部分。

“一带一路”不是中国的独角戏，是与亚、欧、非洲及世界各国共同奏响的交响乐。中国恪守联合国宪章的宗旨和原则，坚持开放合作、和谐包容、政策沟通，培育政治互信，建立合作共识，协调发展战略、促进贸易便利化及多边合作体制机制。中国携手100多个国家和地区，依托国际大通道，以陆上沿线中心城市为支撑，以重点经贸产业园区为合作平台，共同打造新亚欧大陆桥、中蒙俄、中国－中亚－西亚、中巴、孟中印缅、中国－中南半岛等国际经济合作走廊进展顺利，中欧班列在贸易畅通上动力强劲，风景亮丽；以海上重点港口为节点，共同建设通畅安全高效的运输通道，实现陆海路径的紧密关联和合作，太平洋、印度洋、大西洋上巨轮往来频繁，不亦乐乎。亚太经合组织、亚欧会议、大湄公河次区域合作等有关决议或文件，都体现了“一带一路”建设内容。丝路基金、开发性金融、供应链金融汇聚全球财富，建设绿色、健康、智慧与和平的丝绸之路，增进各国民众福祉。

“一带一路”是人类历史上从未有过的恢弘蓝图，也是横跨亚非欧连接世界各国的暖心红线。“丝绸之路经济带”包括中国经中亚、俄罗斯至欧洲（波罗的海），中国经中亚、西亚至波斯湾、地中海，中国至东南亚、南亚、印度洋；“21世纪海上丝绸之路”包括从中国沿海港口过南海到印度洋再延伸至欧洲和到南太平洋。一路驼铃声声、舟楫相望，互通有无、友好交往。

在新的时代，在创新古老丝路精神的伟大进程中，习主席专门缅怀丝路开拓者，特意致敬古丝路精神奠基人："我们的祖先在大漠戈壁上‘驰命走驿，不绝于时月’，在汪洋大海中‘云帆高张，昼夜星驰’，走在了古代世界各民族友好交往的前列。甘英、郑和、伊本·白图泰是我们熟悉的中阿交流友好使者。丝绸之路把中国的造纸术、火药、印刷术、指南针经阿拉伯地区传播到欧洲，又把阿拉伯的天文、历法、医药介绍到中国，在文明交流互鉴史上写下了重要篇章。千百年来，丝绸之路承载的和平合作、开放包容、互学互鉴、互利共赢精神薪火相传。"[①]这种吃水不忘挖井人的情怀，再次展现了中华民族不忘历史、纪念先贤、展望未来的优秀文化基因，也为中国传记文学学会参加“一带一路”建设指明了方向和道路。

在古老的丝绸之路上，我们不曾相忘：张骞出使西域到过的哈萨克斯坦，山高水长的好邻居巴基斯坦，双头鹰下横跨欧亚之国俄罗斯，草原之国蒙

---

① 习近平：《弘扬丝路精神，深化中阿合作》，2014年6月5日，习近平在中—阿合作论坛第六届部长级会议开幕式上的讲话，《人民日报》6月6日第1版。

古，喜马拉雅浮世天堂尼泊尔，菩提恒河保佑之国印度，文化瑰宝伊朗，首创法典之国伊拉克，红海门户之国也门，石油王国沙特阿拉伯，波斯湾明珠巴林，雪松之国黎巴嫩，海湾之秀科威特，沙漠之巅阿联酋，半岛明珠之国卡塔尔，波斯湾霍尔木兹海峡守门人阿曼，万湖之国白俄罗斯，欧亚十字路口土耳其，流着奶和蜜之地以色列，欧洲粮仓乌克兰，亚平宁半岛上的文化巅峰意大利，阿尔卑斯之巅的瑞士，玫瑰之国保加利亚，与灵魂对话的思辨之国德意志，欧洲文化殿堂法兰西，欧洲客厅比利时，郁金香之国荷兰，热情如火的西班牙，还有正在脱欧的绅士国度英国，北非金字塔之国埃及，非洲屋脊奉马蹄莲为国花的埃塞俄比亚，香草大岛之国马达加斯加，等等。

沿着海上丝绸之路，我们会领略丛林花园之国马来西亚，花园国度新加坡，千岛之国菲律宾，赤道翡翠之国印度尼西亚；沿澜沧江一路南下，我们不曾相忘澜湄泽润之国越南，千佛之国泰国，高棉的微笑之国柬埔寨，万象之都老挝，印度洋上明珠之国斯里兰卡，印度洋上的明星和钥匙毛里求斯，堆金积玉之国文莱，追求自由之国东帝汶，印度洋世外桃源马尔代夫，骑在羊背上的国家澳大利亚，上帝的后花园新西兰，等等。

“一带一路”沿线国家里，那些千百年来影响了人类与国家、民族命运并与中国曾经有过交往的古今人物，至今还能在教科书、影视剧里看到他们，还能感受到他们在一代一代年轻人身上所生发的影响和魅力。

当然，对于中国人来说，更为熟悉的是丝绸之路的开拓者。曾记否？丝绸之路开拓者中，有汉武帝和他的使节们，有首开大唐盛世的唐太宗及其无数臣民，有再续睦邻通商航海路的宋祖朝廷和无数先贤，还有金戈铁马风漫卷的元代人物，一统江山万里帆的明代人物，环球凉热自清浊的清代人物，东西碰撞溅火花的近代人物，还有经受风雨变迁、勇立海国之志的现代人物，更有丝路明珠敦煌莫高窟的守护者，卫国助邻的将军和通司中外的外交家们。当然，数风流人物，还看今朝，我们不能不浓墨重彩地讴歌那些智通商海，投身到新丝路建设中的当代人物。

耕云播雨，香火延续，智慧传承，历史再续！2100多年的友好交往历史从未隔断，惠及三大洲的中西交通从未停歇，21世纪的“中国梦”和“世界梦”汇成了人类命运共同体的时代和弦，响彻在“一带一路”辽阔的长空。也正因如此，2017年5月，北京喜迎来自“一带一路”相关国家的元首、政府首脑、前政要、知名企业家和专家学者等各界代表，以及国际组织的负责人等千名领袖，出席"'一带一路'国际合作高峰论坛"。"千人盛会"共襄"团结互信、平等互利、包容互鉴、合作共赢"①之盛举，共商"沿线各国共同把蛋糕做大，一起分蛋糕"之合作共赢大计。这是中华民族和世界历史上都应该铭记的大日子。

以人物传记写作为己任的中国传记文学学会，在"一带一路"倡议实施中，肩负"讲好一带一路民心相通好故事"的使命和责任，这也是国家赋予我们的根本职责和任务。在中国文学艺术界联合会的领导下，在中国社会科学院国家全球战略智库指导下，中国传记文学学会以赤诚的家国情怀、强烈的时代精神、为人传记的责任担当，在认真调研、周密谋划、精心组织基础上，毅然决定倾注全力组织编写出版"'一带一路'列国人物传系"。此煌煌百卷传系讲述近千名各国人物故事，集数百位专家作家尽心挥毫，去冬今春，夜以继日……幸得中国出版集团公司华文出版社出版发行。于是，各位读者得以读到手中的这套活泼而不失厚重、有趣而不失学养的列国人物合传书卷。

① 习近平：《弘扬人民友谊，共创美好未来》，2013年9月7日，习近平主席在哈萨克斯坦纳扎尔巴耶夫大学的演讲。

孔子曰："仁者，人也。"让各国的先贤智者的思想光辉，照亮我们探索人类未来的道路。

传记明志，落笔为文，是为总序。

中国传记文学学会会长

"'一带一路'列国人物传系"编委会总主编

王丽 博士

2018 年 3 月 8 日

General Editor's Preface

The Belt and Road Initiative was conceived in 2013. On September 7, 2013, Chinese President Xi Jinping proposed for the first time the blueprint in a speech at Nazarbayev University during his visit to Kazakhstan:

> Over 2,100 years ago during China's Han Dynasty, a Chinese imperial envoy Zhang Qian visited Central Asia twice to open the door to friendly contacts between China and Central Asian countries as well as the transcontinental Silk Road linking East and West, Asia and Europe.
>
> Shaanxi, my home province, is right at the starting point of the ancient Silk Road. Today, as I stand here and look back into history, I could almost hear the camel bells ringing in the mountains and see the wisps of smoke rising

from the desert. It has brought me close to the place I am visiting. Sitting on the ancient Silk Road, Kazakhstan has made important contributions to the exchanges and cooperation between different nations and cultures. This land has witnessed a steady stream of envoys, caravans, travelers, scholars and artisans traveling between the East and the West. The exchanges and mutual learning thus made possible have contributed to the progress of human civilization.

... Countries with differences in race, belief and cultural background are fully capable of sharing peace and development. This is the valuable inspiration we have drawn from the ancient Silk Road.

... To forge closer economic ties, deepen cooperation and expand development opportunities between Eurasian countries, we should innovate the mode of cooperation and jointly build an "economic belt along the Silk Road". [①] Considering the interests of the world commnity, taking a broad and long view and leading the new era, in Astana, President Xi, through the people of Kazakhstan, for the first time issued a declaration to the world that the old Silk Road

① Xi Jinping, *The Governance of China* (Beijing: Foreign Languages Press, 2014) 287.

spirit would once again be rejuvenated and radiant.

On October 3, 2013, President Xi brought up this topic again in his address to the Indonesian Parliament under the title "Jointly Building the 21st Century Maritime Silk Road":

> Southeast Asia has since ancient times been an important hub along the ancient Maritime Silk Road. China will strengthen maritime cooperation with ASEAN countries to make good use of the China-ASEAN Maritime Cooperation Fund set up by the Chinese government and vigorously develop maritime partnership in a joint effort to build the Maritime Silk Road of the 21st century. China is ready to expand its practical cooperation with ASEAN countries across the board, supplying each other's needs and complementing each other's strengths, with a view to jointly seizing opportunities and meeting challenges for the benefit of common development and prosperity. [①]

The two talks framed the full picture of the

---

① Xi Jinping, *The Governance of China* (Beijing: Foreign Languages Press, 2014) 293-295.

conceptual "Silk Road Economic Belt" and the "21st Century Maritime Silk Road", which are collectively referred to as "The Belt and Road Initiative". Between September 2013 and August 2016, President Xi visited 37 countries (18 in Asia, 9 in Europe, 3 in Africa, 4 in Latin America and 3 in Oceania), giving a full exposition of the Belt and Road Initiative, from its overall framework to various details. The milieus of peaceful and all-win cooperation, financial integration, trade liberalization, and people-to-people bonds dispel the haze of anti-globalization and inject new vitality to the stagnant world economy.

The Belt and Road Initiative has been received with global enthusiasm. On November 17, 2016, all 193 member states of the United Nations unanimously passed the Resolution No. A/71/9 during the 71st Session of the United Nations General Assembly. This resolution endorsed China's Belt and Road Initiative, encouraged UN member countries to participate in the Initiative, and urged the international community to provide a safe environment for the implementation of the Initiative.

The Belt and Road Initiative is not a solo of China, but a symphony of countries from Asia, Europe, Africa and the rest of the world. By observing the Charter of the United Nations, China adheres to openness and cooperation, harmony and inclusiveness as well as policy coordination in order to bolster mutual political trust, reach cooperation consensus, coordinate development strategies, facilitate trade, and introduce multilateral cooperation mechanisms. China has established partnerships with over 100 countries and international organizations with the goal of jointly building a new Eurasian Land Bridge and developing China–Mongolia–Russia, China–Central Asia–West Asia, China–Pakistan, Bangladesh–China–India–Burma, and China–Indochina Peninsula economic corridors by taking advantage of international transport routes, relying on core cities along the Belt and Road and using key economic industrial parks as cooperation platforms. At sea, the Initiative will focus on jointly building smooth, secure and efficient transport routes connecting major sea ports along the Belt and Road, so as to achieve a closer connection and cooperation between land and sea routes, with the Pacific, Indian and Atlantic Oceans frequented by ships and vessels. Meanwhile, the Asia-Pacific Economic Cooperation

(APEC), the Asia-Europe Meeting (ASEM), the Greater Mekong Subregion (GMS) Economic Cooperation and many other regional cooperation mechanisms have included the Belt and Road Initiative in their relevant resolutions and documents.

We shall never forget the countries along the ancient Silk Road: Kazakhstan, the country visited by the Han Dynasty imperial envoy Zhang Qian; Pakistan, China's friendly neighbor bound by mountains and rivers; Russia, a country symbolized by a double headed eagle; Mongolia, the prairie country; Nepal, the paradise on the Himalayas; India, a land blessed by the holy river Ganges; Iran, a country full of cultural treasures; Iraq, the country where the famous *Code of Hammurabi* originates from; Yemen, the gate to the Red Sea; Saudi Arabia, the kingdom of petroleum; Bahrain, the pearl of the Persian Gulf; Lebanon, a country of cedars; Kuwait, a rising star of the Persian Gulf; United Arab Emirates, a diamond on the desert; Qatar, a gem on the Arabian Peninsula; Oman, the gatekeeper of the Hormuz Strait; Byelorussia, a country with myriad lakes; Turkey, the center of the crossroads of Eurasia; Israel, a country full of milk and honey; Ukraine, the granary of Europe;

Italy, the pinnacle of culture on the Apennine Peninsula; Switzerland, a country in the Alps; Bulgaria, the land of roses; Germany, a home to great minds; France, the cultural palace of Europe; Belgium, the drawing room of Europe; the Netherlands, a garden of tulips; Spain, the land of passion; United Kingdom, the country of gentlemen which is breaking from the EU; Egypt, a country of pyramids in North Africa; Ethiopia, the roof of Africa whose national flower is Calla Lily; Madagascar, the island nation where vanilla grows, and so on.

The Maritime Silk Road links Malaysia, a country of forests and gardens; Singapore, the flowery country; the Philippines, the country of a myriad of islands; and Indonesia, the emerald of the equator. Along the Lantsang River down to the south, we will pass Vietnam, the land nourished by the Mekong River; Thailand, a country of thousands of Buddhist temples; Cambodia, the home to Khmer smiles; Laos, the land of a million elephants; Sri Lanka, a bright pearl in the India Ocean; Mauritius, the shining star and key of the Indian Ocean; Brunei, a kingdom of gold and green; East Timor, a nation of independence; Maldives, a paradise in the India Ocean; Australia, the nation riding on the sheep's back; New

Zealand, the back garden of God, and so forth.

In the countries along the Belt and Road, names of distinguished figures, ancient or modern, who have affected the destiny of mankind, who have rewritten the history of nations, and who have had contacts with China, can still be found in today's textbooks, films and TV shows. We can still feel their enduring influence and charm on generations of young people.

Of course, for the Chinese people, the pioneers of the ancient Silk Road are more familiar. Yet, those who have devoted themselves to the building of the new Silk Road equally deserve our respect. In May 2017 during the Belt and Road Forum for International Cooperation, Beijing welcomed thousands of guests from around the world, including heads of state, heads of government, former politicians, business leaders, experts, scholars, and principals of international organizations. They gathered together in the common spirit of solidarity and mutual trust, equality and mutual benefit, inclusiveness and mutual learning, and win-win cooperation, to discuss how countries along the Belt and Road can work together to make the "pie" bigger and shared by all for mutual benefit.[1] This is a big day that should be remembered as a landmark in the history of the Chinese nation and the world.

The Biography Society of China, which makes it its mission to promote biography writing, shoulders the task and responsibility of telling well the stories of friendly exchanges among people of countries along the Belt and Road. This is also the fundamental duty and task assigned to us by our nation. Therefore, through careful investigation and passionate planning, the Biography Society of China decided to publish a hundred-volume series titled *Remarkable Lives Along the Belt and Road*. This project receives support from the China Federation of Literary and Art Circles and guidance from the National Institute of International Strategy of Chinese Academy of Social Sciences. From last winter till this spring, hundreds of experts were working around the clock on the biographies of a thousand remarkable lives. Here the series is presented to you.

As Confucius said, "Humanity is of humans". Let the lights of those great minds and lives illuminate our future

① Xi Jinping, "Promote People-to-People Friendship and Create a Better Future", Speech delivered at the Nazarbayev University, Kazakhstan, September 7, 2013.

path of exploration.

Comments, criticism and suggestions will all be appreciated.

Dr. Wang Li
Chairwoman:
The Biography Society of China
General Editor:
Remarkable Lives Along the Belt and Road
March 8, 2018

目　录

Contents

引 言

在中国古代对外关系交流史上，张骞两次出使西域，打通河西走廊，开辟“丝绸之路”，无疑是一个伟大的壮举。我们知道，张骞的所作所为与伟大成就是与汉武帝的外交胸怀及强国梦想紧密联系在一起的，张骞出使西域以及汉代伟大的丝绸之路，都是汉武帝刘彻的雄图大略的棋局之上的最耀眼的一步。在大汉帝国绵亘的版图上，在亘古的历史长河中，这些伟大的创举无时不在散发着璀璨的光芒。

让我们一起沿着丝绸之路的脚印，去探寻伟大的丝绸之路的源头。我们随着历史的印记一步步回溯，历史的镜头将定格在我国历史上一个重要的时代——汉代。西汉初期，随着国家的统一，经济的发展，西通西域，南入南海，东连东海，与周边国家和地区建立起日益频繁的交往与联系，中外关系初步发展。这一时期，随着秦始皇开拓海疆奠定的基础和秦汉时期丝绸之路的海陆齐开，汉代的外交事业跨出亚洲，走向世界，取得了举世瞩目的成就。汉武帝就是那个伟大的时代涌现出来的一位风云人物。

汉武帝刘彻（前156—前87），西汉第五位皇帝，中国古代伟大的政治家、战略家、诗人。在经过“文景之治”后日趋强盛的汉代，汉武帝首先在政治上举行封禅典礼提高皇帝威望；建立起“中朝官”制度，通过“贬抑相权”强化君主专权统治；“举贤良文学”之士来扩大地主阶级的统治基础；任用酷吏以保证专制措施顺利实施；接受内臣主父偃的“推恩之策”，用和平手段“削藩”，瓦解长期困扰中央政府的诸侯王割据势力，真正实现了中央集权的大一统。

在经济上，汉武帝为了增加战争物资储备实行盐铁官营政策、征收商人车船税等。

在文教上，汉武帝亲政后就着手实行推崇礼官的制度，并兴办太学，同时接受了董仲舒“罢黜百家，独尊儒术”的建议以发展教育，开启了一代文治的盛世景象。

在外交上，他倡导睦邻政策，极大地拓展了中国与中亚、西亚、南亚诸国和朝鲜半岛及日本列岛等地的交往，丝绸之路的开辟更是促进了欧亚大陆间的文化交流。

汉武帝上任伊始，西北地区面临严重的边防危机。因为匈奴不断侵犯边境，汉武帝为了加强边防建设，下令在边境建立城邑，将大量民众迁移过去，然后对那里的人进行军事训练；在边郡专门设立马苑养马、创置了北军八校尉，这为建设大骑兵集团创造了条件。最终，汉朝建立了一支由10万至15万骑兵和数十万步兵组成的强大军队。

经过几十年的苦心经营，汉武帝全面造就了战略反击匈奴的军事、政治和经济条件，于是汉武帝以其巨人的手臂，揭开了大规模战争的帷幕，其制定的策略是：一方面积极组织军队从正面进攻；另一方面尽量争取联合与匈奴矛盾尖锐的西域各国，从侧翼夹击匈奴，以达到“断匈奴右臂”的目的。他与强大的北方匈奴多次作战，继秦始皇时代蒙恬抗击匈奴后再一次出现“胡人不敢南下而牧马”（司马迁《史记·秦始皇本纪》）的局面。

汉武帝从匈奴的俘虏中得到一个消息：匈奴统治西域时，大月氏因为被迫西迁，所以特别痛恨匈奴，一直伺机报复，无奈自身实力太弱又没有同盟者，所以一直按兵不动。于是，汉武帝派张骞出使大月氏，想说服他们联合攻击匈奴。

汉武帝建元三年（前 138），张骞率领 100 余人离开长安向西域进发，在经过河西走廊时不幸被匈奴俘获，但张骞坚贞不屈，誓死不降，被扣留十几年后，最终逃了出来。到达了大宛（今乌兹别克斯坦境内），大宛王对张骞很欢迎，在大宛王的帮助下，元光六年（前 129），张骞到达大月氏。可是此时大月氏国家安定，不想再发动战争，张骞在这待了一年，劝说无果，只好返回。可是在回去的路上，他又被匈奴俘虏，一年之后才逃出来，最后在武帝元朔三年（前 126）回到长安。

张骞第一次出使西域是为了与大月氏联盟，最后虽然没有达到目的，但是此行却传播了汉朝的声威，并且详细了解到西域的地理、军事情况，为之后的反击战提供了重要资料。张骞凭借在西域生活多年的经验，为汉军做向导，直接促成了汉朝军队反击匈奴战争的一系列胜利。

元狩二年（前 121），汉军占领河西，次年，汉武帝想要打通自中国西南的四川、云南，经缅甸到印度进而到中亚的路线，但是由于云南少数民族的阻碍，一直未能成功。而这条路线就是后来的“西南丝路”，虽然汉王朝未能控制西南丝路，但这一道路在沟通中国与缅甸及印度的民间贸易交往上始终发挥着重要作用。

毋庸讳言，任何伟大的人物，也不可能是尽善尽美的。作为2000多年前的帝王，汉武帝所迈出的每一步，几乎都伴随着劳动人民的巨大痛苦；他的那些实现“雄才大略”的行为，除了积极的一面之外，也同时存在负面影响。经过半个多世纪休养生息初步繁荣起来的西汉社会，由于武帝“南诛两越，东击朝鲜，北逐匈奴，西伐大宛”（《汉书》卷四十六《石庆传》）的多方折腾，财政吃紧，问题丛生，阶级矛盾日益尖锐，以致出现了种种危机。正所谓“物盛而衰，固其变也”（《史记》卷三十《平准书》）。然而汉武帝毕竟不愧是位非凡的帝王，面临危机四起的局面，他紧急刹车，改弦更张，不仅检讨了自己的“不明”，而且公开宣布“禁苛暴，止擅赋，力本农”的“休息”“思富”“养民”新政策（参见《汉书》卷九十六《西域传》），为以后的“昭宣中兴”奠立了基调。在中国历代帝王中，像汉武帝这样，能够晚而改过者，实不多见。这也是他的过人之处（参见黄留珠著：《古都西安——汉武帝》，西安出版社2015年版）。

对于汉武帝这样一位在历史上留下了深深印迹的人物，书之竹帛，使其流传久远，无疑是很有意义的，特别是从“丝绸之路”这样一个视角来写汉武帝，本书算是一种尝试。由于本书既是汉武帝本人的传记，又是古代丝绸之路的源头史诗，二者浑然一体。每一位对古老的丝绸之路和新时代的“一带一路”建设感兴趣的读者不妨一读，从中领悟中华文化的源远流长与博大精深。

一、承继大统，铁肩担道

1. 神奇的幸运少年

汉高祖五年（前 202），在农民战争中发家的刘邦，打败西楚霸王项羽，夺了天下。二月，他在汜水（今山东曹县北）称帝，建立西汉，并定都长安，历史上尊其为汉高祖。汉高祖刘邦传五代到刘彻，他就是被称为建立了千古伟业的汉武帝。

汉武帝是汉景帝的第几个儿子，汉景帝从诸多皇子中选中了他，让他完成了雄霸四方、繁荣昌盛的梦想，其中的原委首先得从刘彻的母亲王美人说起。汉武帝的生母王美人的身世非常有传奇

汉高祖刘邦

色彩，她的血缘可以追溯到汉初的燕王臧荼。

王美人本名王娡，是槐里（今陕西省兴平东南）人。她的父亲名叫王仲，是一个普通的百姓，她的母亲臧儿是汉初燕王臧荼的孙女（参见杨生民著:《汉武帝传》，人民出版社 2001 年版）。臧荼原为项羽所封燕王，楚汉相争时，他本一心向楚，但在韩信大兵压境下降汉。刘邦为了稳定他留汉的决心，仍保持他原有的封地和爵位。虽然刘邦得了天下，但是臧荼并不佩服他的为人，在汉高祖五年（前 202），他第一个举起了反叛大旗。汉高祖刘邦率兵亲征，用两个月时间平定了叛乱，处死了臧荼。当时臧儿只有十几岁。臧儿作为叛臣的女儿被押解送往长安。汉高祖刘邦当时一念之仁没有对臧家施灭门之刑，于是臧儿最后流落到了关中，不久嫁给了王仲，并生下了 1 男 2 女 3 个孩子。儿子取名王信，字长君；长女取名王娡，次女取名为姁儿。不幸的是，没过几年，王仲就得病去世了，臧儿就携带子女改嫁长陵（今陕西咸阳东北）人田氏，又生下两个儿子。长子就是后来大名鼎鼎的田蚡，次子即为田胜（参见黄留珠著：《古都西安——汉武帝》，西安出版社 2015 年版）。

如果没有什么意外的机遇，臧儿和她的儿女们不过和成千上万的普通百姓一样，默默无闻地度过他们平凡的一生。但是，偏偏有些偶然的事件，常常会改变一个人，甚至一个家庭的命运。这样的事竟然在臧儿家发生了。

臧儿的长女已嫁给金王孙为妻，并已生下一女。臧儿算了一卦；说她的两个女儿都是大贵之人，她想依靠这两个女儿富贵。于是，忽然又反悔，要把早已出嫁的王娡从金家要回来。这一举动惹恼了金家，坚决不予同意。臧儿一怒之下，便通过关系把自己的长女王娡献给了当时的皇太子刘启。王娡凭着自己的姿色得到太子刘启的幸爱，并给他生了 1 个男孩和 3 个女儿，这个男孩就是刘彻——乳名“刘彘”。

刘彻降生的那年，他的父亲刘启刚刚继位为皇帝，即汉景帝。这时，刘彻的母亲虽然得到了景帝刘启的宠爱，地位也不同于一般的宫女了，但在宫内的妃嫔中地位还是很低的。秦汉时的制度有明确规定：皇帝的正妻称为“皇后”,妾皆称“夫人”,“夫人”以下有“美人”“良人”“八子”“七子”“长使”“少使”等。而刘彻的母亲当时也只是一个比妾还低微的“美人”，距离皇后还差得很远，皇帝继承人的位置当然也不会留给这个刚刚出世的刘彻。不过，当时的皇后薄氏一直未能生子，过了几年，即景帝前元四年（前 153），栗姬所生的男孩刘荣被立为太子。这时，4 岁的刘彻被封为胶东王。

太子刘荣的母亲栗姬虽然受到景帝的宠爱，但因宫院内部的倾轧，地位也是不太稳固的。她的主要对头就是刘彻的姑母馆陶公主。馆陶公主名叫嫖，又称长公主，与景帝刘启同为文帝的窦皇后所生，嫁给贵族陈午，生女阿娇。长公主嫖自恃与景帝为同胞，时常干涉宫廷内部事务，景帝对她也很信任。长公主想让女儿阿娇嫁给太子，将来当皇后，但栗姬不答应，刘嫖便又与王夫人提出把女儿嫁给刘彻，王夫人欣然同意。从此，刘嫖就有意破坏景帝对栗姬的信任。这种手段果然有效，不久栗姬失宠，景帝对她表示厌烦。前元七年（前 150），栗姬忧愤而死，太子刘荣也被废为临江王。在长公主嫖的鼓动下，刘彻的母亲被立为皇后，7 岁的刘彻被立为太子。长公主想让女儿当皇后的愿望有了实现的可能。年幼的刘彻在向皇帝的御座步步前进，正式成为西汉王朝的最高统治者只是时间的问题了。

从刘彻出生到被立为太子的曲折过程中，可以看出汉代宫廷生活的一个侧面，从而不难看出太子、皇帝并非“天”定,所谓“圣君英主”也并非与凡人不同，统治者为证明自己地位“合法”，常常编造一些谎言表明他们从一出生就与众不同，如王美人在刚有身孕时就告诉景帝，她梦到太阳落到自己怀里。显然，这无非是想骗得皇帝高兴，为即将出生的刘彻当太子制造舆论。可是，从上述事实可以看出：刘彻被立为太子之前，不仅没有显示出丝毫的“天子”的迹象，而且连继承帝位也是在种种偶然机遇下成就的。当然，汉武帝确实是杰出的君主，但他的才干不是天生的，而是有时代、环境的背景，是在成长过程中通过主观努力和不断吸取前人的教益而产生的（参见林剑鸣编著：《汉代雄风：汉武帝》，三秦出版社 2003 年版）。

2. 时代造就的人物

景帝后元三年（前 141）正月十七日，在高祖庙内为 16 岁的太子刘彻举行加冠大礼。典礼由景帝亲自主持，皇族、国戚、公卿大臣恭列两旁。礼仪的过程主要是，太子立于阼阶上，由宾给他加冠三次，叫作“三加”。三加举行完毕后，太子刘彻去拜母亲王皇后，随后由宾给他取字。“彻”者“通”也,所以以“通”为字。

最后皇太子礼拜父皇景帝，见过兄弟姑姊等众亲族和公卿大臣，礼毕（参见黄留珠著：《古都西安——汉武帝》，西安出版社 2015 年版）。

《礼记·冠义》说："已冠而字之，成人之道也。"举行了冠礼，就标志着成人，有了治人之权、执兵之权、祭祀之权。"男子幼娶必冠，女子幼嫁必笄。"（《太平御览》第七百八十卷引《白虎通》）冠礼之后，才可以娶妻生子。举行冠礼是古代人人生的重要里程碑，对皇太子来说更为重要。景帝下诏为太子冠礼普天同庆，给每家作为父亲继承人的人赐爵一级。

太子举行冠礼的 10 天后，景帝便因病逝世于未央宫，其在位 16 年，享年 48 岁。当日，太子刘彻继位，成为西汉第五位皇帝，史称"汉武帝"。

汉武帝刘彻

汉武帝登基之后，便封生母王皇后为皇太后，封祖母为太皇太后，同时实现儿时"金屋藏娇"的诺言，封陈阿娇为皇后；获封的还有母舅田蚡、田胜和外祖母臧儿，封号分别为武安侯、周阳侯和平原君。

汉武帝的文韬武略，再加上文景之治奠定的基础，使汉朝出现了空前的盛世景象。作为一代杰出帝王，汉武帝的个人作为不可否认，但也是封建社会发展的必然产物。要了解汉武帝的生平事迹，还要从他的时代、背景谈起。

秦始皇一统中华大地，建立了中央集权的封建帝制国家，但是秦朝法制苛刻、徭役过重，农民被迫起义，秦朝历时 14 年便亡国。经过多年战乱，最终刘邦击败项羽建立汉朝，而战后经济衰败，生活资料缺乏，各阶层生活困难，甚至刘邦自己都难以配到 4 匹同色马来拉车，将相大臣有时只能坐牛车上朝，社会之萧条由此可见一斑。据说有一次刘邦经过曲逆县（今河北顺平县）时，惊叹于其建筑的宏伟、集市的繁华，认为天下除了洛阳就数曲逆了。实际上刚经历过战争的曲逆县遭到很大破坏，人口只是秦初的 1/6，这说明其他城市被毁坏程度更为严重（参见黄留珠，柴弓丁著：《汉武大帝》，陕西人民出版社 2008 年版）。

汉高祖刘邦目睹秦朝灭亡之速，对此深有感触，派太中大夫陆贾来总结秦朝灭亡教训，研究恢复生产的方法。陆贾是汉初著名的政论家，他充分分析了秦亡的原因后，提出了一套完整的治国方针。他提出了马上可以得天下而不能治天下的理论思想，在此思想的指导下高祖制定了休养生息、轻徭薄赋的国策，汉初的经济慢慢得到恢复。

刘邦采纳多方意见来恢复生产，他颁布了一系列政策，放宽律例，减轻人民负担；裁撤兵丁，使农业生产人口数量增加；安置流民，颁布释奴为民令；缩短服役时间，将田租减为十五税一；命萧何制定汉九律，放宽刑罚，稳定社会秩序。人民安心生产，经济逐渐复苏，不久就有了“衣食滋殖”的局面。

惠帝、吕后（吕雉）时期，均奉行“黄老”（古代道家学派名，以传说中的黄帝和老聃相配，同尊为创始人，故名）思想，继续贯彻实施高祖休养生息的政策，并多次补充完善，使全国人口数量大大增加。吕后执政 15 年，几乎没有大规模的劳役事务，只是修筑京都城墙时征发民力 4 次。其中第一次征用的人数不详，第二次只是征用封国“徒隶”2 万人，另外两次征发长安附近 600 里内男女 14 万人，工期 30 天，且选在农闲的春天，保证了农民生产时间，可见统治者用心良苦。

刘邦死后，吕后依照夫训仍以萧何为相，萧何死后又任用曹参为相。曹参是忠于“黄老”思想的政治家，他任相前后有 3 年时间，一切按萧何之法不作任何变更，稳定了政治局面，更好地发展了休养生息政策。有人作歌曰：“萧何为法，讲若画一；曹参代之，守而勿失。

载其清静，民以宁一。”(《汉书》卷三十九《萧何曹参传》)由此可见当时人民生活恬静安逸的状态。吕后执政期间，先后任用萧、曹、陈、王为相（萧指萧何，曹指曹参，陈指陈平，王指王陵），一直坚持宽舒的政治政策。虽然吕后为人心狠手辣，睚眦必报，但是从历史的角度看，吕后是一个在经济、政治和外交上都有功于国家的执政者。因此史学家司马迁在《史记·吕太后本纪》中客观地评价说：“孝惠皇帝、高后之时，黎民得离战国之苦，君臣俱欲休息乎无为，故惠帝垂拱，高后女主称制，政不出房户，天下晏然。刑罚罕用，罪人是希。民务稼穑，衣食滋殖。”(《史记》卷九《吕太后本纪》)

“文景之治”时期，经济复苏，生产进步，但依然有各种复杂的社会矛盾存在。政论家贾谊形容当时的社会形势为：“公私之积，犹可哀痛。失时不雨，民且狼顾；岁恶不入，请卖爵子。”(《汉书》卷二十四《食货志》)这说明当时的百姓还不算富裕，自然灾害频繁，各个阶层矛盾加深。自吕后死后，各诸侯王羽翼渐丰、蠢蠢欲动，汉朝廷危机四伏，内忧外患。这个时期是汉朝的一个重要时期。

针对社会形势，文帝、景帝继续奉行“黄老”“清净无为”的治国思想，谦让宽容，严于律己，厉行节约。当时的政论家贾谊和晁错分别以《论积贮疏》和《论贵粟疏》两篇文章来指出农业的重要性。文帝采纳其意见，于文帝前元二年（前178）减免田租为三十税一，这种租数一直被奉为汉朝定制。

汉文帝前元十三年（前167），文帝亲自耕田种桑，并命人制作皇帝亲耕制度，扩大影响，振兴农业。汉景帝时，鼓励人民迁往荒芜之地垦荒，进一步扩大了生产范围。

文、景帝时期，废除了多种酷刑，如“连坐法”、黥刑、劓刑、刖刑等，将磔刑改为弃市，这在一定程度上缓和了社会矛盾；多次大赦天下，稳定了政局。

汉文帝曾经想盖一座露台，这对一个帝王来说并不需要考虑太多，但当他得知需要花费相当于10户中等人家的财产时，立马取消了这个打算。文景帝以身作则，对内宫要求也是朴实无华，妃子们都是衣不曳地，帐不缀花。

到武帝即位时，汉王朝已经积累了大量的物质财富。《史记·平准书》中记载：“都鄙廪庾皆满，而府库余货财。京师之钱累巨万，贯朽而不可校。太仓之粟陈陈相因，充溢露积于外，至腐败不可食。众庶街巷有马，阡陌之间成群。”这时如果有人驾驭一匹母马到公众场合就会遭到耻笑，和当初高祖“自天子不能具钧驷，而将相或乘牛车”的情况确实不可同日而语了。

汉武帝继位时，他的先辈们已经为他打好了经济基础，汉朝建立以来他们一直奉行“黄老”思想，历时半个多世纪的休养生息，积累了颇丰的物质财富；同时，为维护政治局面、汉朝廷对地方诸侯纵容，致使地方势力增大，威胁中央集权，亟待解决。

早在秦王朝时期，秦王嬴政就用了10年时间来结束战国纷争局面，统一中国，成为中国首位皇帝，自称“始皇帝”。他建立了中央集权的封建帝制国家，自此，中国开始实行长达两千多年的专制制度。

秦始皇在中央设三公九卿，地方用郡县制，层层控制，权力逐级向上收拢，最后集中到皇帝一人手中。统一度量衡、文字，使天下同化。北击匈奴，安定边境，南设三郡，拓宽国域，迁民移居，巩固边境，促进文化交流。一个强大的多民族统一帝国在东方崛起。

刘邦建立西汉后，承袭秦制，但他认为秦朝快速灭亡的原因是没有进行分封，所以他平定各异姓王叛乱，铲除他们的势力后，就分封了一批同姓王，并“刑白马盟”，与大臣、宗室共同商定：“非刘氏而王，天下共击之。”(《史记》卷九《吕太后本纪》) 这些刘姓诸侯王的领地遍及整个疆土的东南西北，相当于取代了之前的异姓王。刚分封时，各诸侯王年纪还小，朝廷中央派遣丞相和太傅到地方去就能基本控制其军政事务，诸侯国与中央都处于稳定的状态。随着诸侯王逐渐成长，高祖逝去，这些诸侯王变成了朝廷的隐患（参见王书熙著：《汉武帝刘彻》，中国长安出版社 2006

年版）。

高祖故后，以后几代君主皆奉行“黄老”思想，休养生息，尽量避免战争，以减少对经济和人民生活的影响。这种怀柔政策同时也助长了地方势力的发展，形成了和中央对抗的地方政权。文帝前元三年（前177），济北王刘兴居首先举起了反叛大旗，刘邦打算用同姓王安邦的美梦破灭了。

刘兴居是齐悼王刘肥的儿子、高祖的孙子，吕后时封东牟侯，文帝时封济北王。吕后死后，刘兴居和其兄欲立齐王刘襄为帝，后来文帝登基，刘兴居不满，趁匈奴攻进河套之机，立起谋反大旗，仅仅 3 个月，便被汉廷消灭，刘兴居也在兵败后自杀。

3 年后淮南王刘长在谷口（今陕西淳化西北）谋反，被捕后于发配途中自杀。

深究济北、淮南二王的谋反，朝廷的纵容是不可忽略的一大原因。刘长是文帝的异母兄弟，从小被吕后收养，养成了飞扬跋扈的性格，长大后竟自作主张用斧子将审食其砍死，原因是他怀疑审害死了生母赵姬。这种滥杀无辜的罪行不但没有受到文帝的惩罚，反而得到了赦免，而且他还被允许仪制同朝，这更助长了他的嚣张气焰。

随着诸侯国日渐强大，一些敏感的大臣早就嗅出了危险的信号，贾谊将汉朝形势比作小腿肿得比腰还粗的病人，表现出地方诸侯和中央权势的不均衡，将诸侯国的危险程度比作有火种的干柴，呈现出迫在眉睫、一发不可收拾之态。他也提出了削弱诸侯力量的方法，如以“众建诸侯而少其力”，可惜贾谊还未来得及提出详细的计策，便英年早逝。

到了景帝时期，诸侯国的势力得到了更大发展，其中吴王刘濞的势力最大，反相最为明显。汉高祖刘邦早在平叛英布时，就觉察到了他的异心，告诫说：“天下同姓一家，慎无反。”(《汉书》卷三十五《吴王刘濞传》)刘濞的封地——吴国物产丰富，经济富裕，刘濞通过大量铸钱、煮盐，招揽“任侠奸人”来扩张自己的实力，图谋篡位夺权。

景帝采纳晁错的“削藩”政策，开始削弱诸侯国势力，“今削之亦反，不削亦反；削之，其反亟，祸小；不削之，其反迟，祸大”(《汉书》卷三十五《吴王刘濞传》)。晁错这一观点可谓一针见血，景帝也深深察觉到了诸侯国的威胁，此时的形势已不能再采用“无为而治”的政治方针了。

景帝的“削藩”政策激怒了刘濞，他派人和胶西王刘卬联系，同时约定淄川王、胶东王、济南王、楚王和赵王等 7 国诸侯王发动叛乱，史称“七国之乱”。景帝面对声势浩大的叛军有点不知所措，害怕战争的一贯心理使他用袁盎之计处死晁错，企图迎合刘濞“诛晁错，清君侧”的口号来平息叛乱。当7国军队义无反顾继续北进时，景帝才清醒地认识到吴王之意不在“错”，而是为了谋取皇位，终于开始全力以赴来剿除叛乱。他任用周亚夫为大将，动用全国兵力，3个月后平息了叛乱，把吴、赵等诸侯国分割成小块分治，解决了其对中央的绝对威胁。同时把官吏任免权收回中央，裁减了诸侯国御史大夫、廷尉、少府、宗正、博士等职。虽然对“七国之乱”的平定暂时抑制了诸侯王的反叛意识，但它没有彻底解决地方诸侯尾大不掉的问题。他们对中央的威胁依然存在，仍然阻碍中央集权的执行和社会经济的发展。

诸侯国的威胁终于初步得到了遏制，但是景帝知道这是朝廷的隐患。通过平定“七国之乱”，景帝对“黄老”之政有了不同的看法。于是他任用儒家代表卫绾和王臧做太子刘彻的老师，教导小刘彻治国之道，为将来安邦治国做准备。

除了诸侯国对中央的威胁外，匈奴对汉朝边境的侵扰也是当政者的心腹大患。

北方少数民族匈奴自战国后期以来，不断向中原地区侵扰，成为严重的边患。秦代筑万里长城，修直道，目的全在防御匈奴。秦末，中原大乱，匈奴乘机扩大势力。特别是冒顿单于即位后，西逐月氏，东破东胡，北服丁零，南并楼烦、白羊，成为北方头号强国。

西汉建国后，匈奴屡屡来犯，汉高祖七年（前200），刘邦亲率32万大军回击，却被匈奴兵围困于平城白登山（今山西大同东北）整整7天，“汉兵中外不得相救饷”。后来，陈平用计贿赂匈奴阏氏，让其劝说冒顿“开围一角”，刘邦才得以逃脱。从此以后，汉高祖便采纳刘敬的建议，与匈奴约为兄弟，结“和亲”之约，岁贡献，嫁公主，通关市。如此，匈奴侵扰“乃少止”（以上引文均见《汉书》卷九十四《匈奴传》）。

惠帝、吕后时，匈奴冒顿日益骄横，曾致书吕后，称“愿游中国”，并用挑衅的口气说：“陛下独立，孤偾独居，两主不乐，无以自虞；愿以所有，易其所无。”吕后受此侮辱勃然大怒，但又惧怕匈奴的强大，只好低声下气地报书说：“单于不忘弊邑，赐之以书，弊邑恐惧；退而自图，年老气衰，发齿堕落，行步失度，单于过听，不足以自污；弊邑无罪，宜在见赦。”并献上车马，以示亲善（《汉书》卷九十四《匈奴传》）。这样双方才得以维持和亲的局面。

文帝登基后，随即恢复了和亲，但边境仍然冲突不断，尤其是汉使燕人中行说降匈奴后［匈奴老上单于即位之初与汉和亲，汉文帝派遣中行说（宦者）护送公主赴匈奴。中行说不愿去，汉朝廷态度强硬。中行说到了匈奴，马上就投降，还受到单于的宠信。他教唆单于向汉大肆掠夺，边境冲突明显升级］。当时匈奴距汉京长安最近处仅700里,轻骑一日一夜即可到达。为此,汉廷不得不在长安附近屯驻重兵,用以防备匈奴。此时,匈奴问题构成了汉廷的一大外患(参见黄留珠著:《古都西安——汉武帝》,西安出版社2015年版)。

3. 统一思想,独尊儒术

汉武帝要实现理想中的治国蓝图,必须解决所面临的一些紧要问题:

第一,国家的指导思想问题。汉代初期,"黄老""无为而治"为国家的指导思想,这也是由当时的历史条件和时代背景所决定的,但如果历史条件变化了,国家的指导思想也要跟着变化。"黄老学说"是道家学说中的两派,"黄"指"黄帝之学","老"指老子的学说。汉初把"黄老"思想糅合在一起,成为当时统治阶级的政治指导思想(参见金开诚主编,孟凡慧编著《汉武帝与中外朝制度》,吉林文史出版社2011年版)。

汉初的"黄老"政治促进了经济恢复,巩固了封建统治秩序,为社会的发展创造了很好的氛围。但是,随着国家形势的转变,"无为而治"的思想必定要让位于汉武帝那种"有为"政治的新儒学理论体系。而这也是由客观条件决定的。汉初对诸侯王、匈奴采取妥协退让的政策,是因为朝廷没有雄厚的实力与之抗衡。

文帝时，贾谊就提出应以儒家思想为指导来治理国家。他认为：秦之所以传二世，是不施仁义，不行德治，而专任刑罚造成的。他认为儒家治国的特征是以德治国，而法家治国的特点是刑罚。以德行治国者命运长久，任刑罚者短命而亡（参见金开诚主编，孟凡慧编著《汉武帝与中外朝制度》，吉林文史出版社 2011 年版）。

贾谊以秦二世而亡为戒，讲专用刑罚治国之害和以仁义治国的优越性，就是希望朝廷以儒家思想为指导治理国家。如把贾谊的这些言论与董仲舒的“天人

贾谊

三策”相比，二者简直如出一辙。文帝时由于社会条件的限制，不得已以无为而治的思想为指导。汉文帝需要在这一思想的指导下，崇尚节俭，少兴作，以便让民众集中力量从事生产，恢复经济。这是当时继续巩固汉朝稳定长久的必然之路（参见金开诚主编，孟凡慧编著：《汉武帝与中外朝制度》，吉林文史出版社2011年版）。

第二，汉初的文化与学术政策问题。秦始皇三十四年（前213），统治者下达焚书令。此后，项羽又火烧秦宫，将秦宫中的藏书也付之一炬。所以汉初社会文化处于沙漠化的境地，迫切需要恢复文化，解除书禁。惠帝四年（前191），废除“挟书律”，口授的书可以写在竹、帛上传阅。藏于墙壁中的古文书也不断被发现。所谓“汉兴，改秦之败，大收篇籍，广开献书之路”。文帝时天下书籍公布于世的非常多，都是先秦诸子的著作。

汉初以“黄老”“无为而治”为指导思想。在学术讨论中，即使在皇帝面前，各学派如有不同意见也可以进行辩论，并不因为尊崇“黄老”，就对其他各学派实行专制。

在汉初开明的学术政策下，实际上形成了以“黄老”思想为主，兼采百家思想的局面。如汉文帝执政时以“无为而治”作为指导思想，同时推行儒家“德治”，而又重法“好刑名之言”。汉武帝自小接触儒家治国思想，他即位后，在继承汉初开明的学术思想政策下，是尊儒术而兼用百家呢，还是尊儒术而对百家实行专制？

第三，汉初恢复、发展经济的过程中出现的社会问题。秦朝的苛政和秦亡后的战乱，使得汉初社会极不安定，经济凋敝、百废待兴，陆贾在《新语·无为》中说“道莫大于无为”。所谓“无为”，在当时条件下，就是要扫除繁苛、与民休息。在这种思想的指导下，汉初废除了秦朝时期遗留下来的一系列繁苛严法，采取了轻徭、薄赋、省刑等措施，促进了农业的恢复和发展。同时又采取措施发展工商业。如文帝前元五年（前175）废除“盗铸令”“听民放铸”。文帝前元十二年（前168）废除“关无用传”。文帝后元六年（前158）又下令开放池林山泽。所有这些措施都促进了工商业的蓬勃发展。因此，《史记·货殖列传》中记载：“汉兴，海内为一，开关梁，弛山泽之禁，是以富商大贾周流天下，交易之物莫不通，得其所欲。”在“黄老”思想的指导下，经济繁荣发展，民给自足，社会稳定。但是物盛而衰，物极必反，随着经济的恢复发展，繁荣局面的出现，同时也产生一些新的社会问题。由于社会法律宽舒，百姓殷富，一些豪富凭借财势，骄横放纵，在社会、乡里横行霸道。有封邑土地的宗室及公卿大夫都极其奢侈，住宅、车马、服饰甚至超过了皇帝，没有一点限度。随着经济的发展，贫富分化和土地兼并也开始出现，普通农民的生活更加艰难了。文帝时晁错在《论贵粟疏》中提到，当时5口之家，耕田100亩的小农，1亩农田收获1石粮食的话，100亩之田收获不过100石。这比战国初期李悝所说魏国5口之家耕作100亩的小农，1亩农田收入1.5石的产量还要低。而当时又频频发生自然灾害。例如文帝前元十二年（前168）“河决于酸枣”；文帝后元三年（前161）秋，关中大雨昼夜不停地连下35日，冲没900余户人家，8000余所民房遭到破坏。3年后，天下大旱。景帝中元五年（前145）又发生大水灾。这诸多的自然灾害给农民带来了巨大的痛苦，同时农民又深受地主、商人的兼并、剥夺，生活日益艰难，许多人陷于破产的境地。这是摆在汉武帝面前的又一重大社会问题（参见秦俊著：《汉武大帝》，北方文艺出版社2005年版）。

文帝前元十四年（前166），匈奴老上单于发兵14万人入塞，大兵逼近甘泉宫，后被汉军击退；文帝后元六年（前158）匈奴军臣单于率军大举侵犯汉境边郡，从上郡、云中分两路南侵，文帝紧急部署，命河内太守周亚夫为将军，紧急调动军队阻击。文帝亲自赴军营视察，了解战况。

面对匈奴的侵扰，贾谊在《治安策》中沉痛地指出（大意）：“今海内的形势是，汉朝皇帝是天下之首，匈奴乃蛮夷，不足为重。汉朝却每年赠送大量金银絮缯给匈奴，致使本末倒置。”在贾谊看来，汉与匈奴的关系，已经到了必须解决的关头。其实文帝何尝不知，只是当时的历史和社会条件使他无法解决如此重大的问题。这种形势到了汉武帝时期就发生了很大变化。此时汉朝不仅经济上出现了大好形势，平定吴、楚发动的“七国之乱”后，威胁中央政权的诸侯王的势力遭到很大削弱，反击匈奴的条件日益成熟。在这种情况下，对匈奴应采取什么样的政策？是继续实行和亲政策以保安宁，还是调整对匈奴的政策进行武力征讨？此外，又该如何处理与南越、闽越这类分裂割据势力和周边少数民族的关系？这也是摆在武帝面前的重大问题。

另外，经过汉初 60 余年的恢复发展后，社会出现了几种潮流。一是思想文化恢复发展的潮流，二是经济恢复发展的潮流，三是中国由分裂走向大一统的潮流。汉武帝就是走在这几种潮流的潮头的天子，在这几种潮流汹涌交织之时所出现的问题，都需要他来解决。这也是历史赋予他的责任。

如前文所述，这其中思想文化的潮流首先需要武帝来面对。秦统一以后以法家思想为统治思想。西汉初期以黄老“无为而治”的思想为指导思想。在这种情况下，对其他学派应采取什么态度呢？秦始皇时是通过博士的论争来解决的，最终有了“焚书坑儒”现象的出现。董仲舒建议武帝“罢黜百家，独尊儒术”。后人也认为汉武帝是采取独尊儒术的战略。实际上，对于这个问题自古至今都存在不同意见。

武帝即位的建元元年（前140）就出现了一次尊儒活动。在这次活动过程中，丞相卫绾提出要罢黜申（不害）、商（鞅）、韩（非子）法家和张仪、苏秦纵横家两个学派的学者。罢黜的范围也仅在这一年所举的贤良方正中。这样做绝不是偶然的。由于酷爱“黄老”之学的窦太皇太后还健在，如果武帝提出罢黜百家显然不合时宜。这次活动之后，深受武帝赏识的严助被擢为中大夫。几个月后，也就是建元元年（前140）六月，丞相卫绾被免去了丞相职务。同时，任命窦太皇太后的侄子窦婴为丞相，武帝的舅父田蚡为太尉。窦婴、田蚡2人都好儒术，在2人的推动下，儒家治《诗》学者申公的两个弟子，赵绾为御史大夫，王臧封为郎中令，2人设立明堂，尊儒术。不仅如此，赵绾还建议不再向窦太皇太后奏事，把窦太皇太后排除在政治之外。为此，窦太皇太后大怒，导致赵绾、王臧2人下狱自杀，丞相窦婴、太尉田蚡免职。本来窦太皇太后就专喜“黄老”，就算赵绾不建议将她排除在政治之外，这场灾祸也在所难免了。窦太皇太后曾对武帝说：“儒生专门注重外表，写起文章来天花乱坠，可是没有一点实用之处。”通过这次事件，儒家执政者受到一次打击。这也说明，董仲舒“罢黜百家”的建议根本没有执行，尊儒的道路也充满了障碍。经过窦太皇太后的阻挠，汉武帝实行的一系列新政措施被中断了。继任的新丞相是许昌，新任的御史大夫是庄青翟，新任郎中令是石建。他们 3 人都是顺从窦太皇太后的，都是不信儒家学说的。主管全国军事的太尉一职暂时空缺，政权基本上仍控制在窦太皇太后的手中（参见金开诚主编，孟凡慧编著 :《汉武帝与中外朝制度》，吉林文史出版社 2011 年版）。

窦太皇太后是文帝的皇后，景帝的母亲。在吕后当权的时候，平民出身的她以良家女身份入选后宫。后来吕后挑选出一批宫女赐给各同姓王，每家 5 个宫女，以笼络刘氏子弟，窦氏便在此列，并被派往代地。代地离窦氏的家乡赵地很远，这令窦氏很伤心，但出乎意料的是代王刘恒十分宠爱她，窦氏为刘恒生了 3 个子女。在刘恒被送往长安继承皇位的第二年，窦氏所生长子刘启便被立为太子，窦氏也坐上了皇后之位。窦氏的女儿被封为馆陶公主，小儿子被封为代王，后又改封到梁地，称梁孝王（参见姜克戈编著 :《刘彻传》，内蒙古人民出版社 2009 年版）。

窦太皇太后喜爱“黄老”学说，汉武帝即位后，尊窦太后为太皇太后。窦太皇太后对喜尊儒术的武帝进行了干涉。但她年岁已长，而武帝的抱负日益增大。建元六年（前 135）五月，当汉朝廷在东南地区与东越、闽越的战争再起的时候，窦太皇太后的生命走到了尽头。思想自由的黄金时代已经过去，代“黄老”学说而起的是与皇权相结合的儒家思想。历史又步入了一个新的时代。

窦太皇太后丧事一过，汉武帝马上就将田蚡、韩安国分别封为丞相和御史大夫。

田蚡（？ —前 131），长陵人。汉景帝的皇后王娡的同母异父弟。田蚡成为丞相后，凭借与皇帝有至亲的身份和关系，独断专行。

田蚡坐上丞相之位之后，对魏其侯窦婴的态度就 180 度大转变，极其傲慢无礼，后来竟将窦婴和灌夫 2 人诬陷致死。不过善恶终有报，元光四年（前 131），田蚡最终也在惊慌和恐惧中暴毙于床榻之上（参见金开诚主编，孟凡慧编著《汉武帝与中外朝制度》，吉林文史出版社 2011 年版）。

汉初儒生虽有一定地位和影响，但只是在局部范围和一定时期内起作用。叔孙通受到信任，只是因为定了礼仪。诸侯王信奉儒家的也是少数。汉初的儒家，只是作为战国以来百家中的一家而存在。最高统治者都不崇儒。文帝、景帝、窦太后都好“黄老”和刑名之学（刑名学派为古代法家学派，主张循名责实、慎赏明罚，故名）。汉初的几个丞相，如萧何、曹参、陈平、周勃、张苍等人，出身或是刀笔吏，或是武将，或是谋士；有的信道家，有的信阴阳家（古代学派名，用阴阳来表示和说明一切自然变化的根源，阴阳家以战国时的邹衍为代表），都不信仰儒家。当时盛行的是“黄老”思想和刑名之学，儒家是没有什么地位的。汉武帝即位后，随着政治上大一统局面的形成，也要求思想上的大一统，儒家思想才应运发展，成为封建统治思想。武帝在扶持、推广儒家思想方面起了重大作用。

汉武帝自幼熟读儒家经籍，对孔子和儒家有好感。他想，要提高儒家思想的地位，一定要让有才能的儒生到朝廷做官。这样，不仅可以重用一批人才，也可以提高儒家思想的地位。

建元元年（前 140）十月，16 岁的汉武帝签发了一道诏书，要求丞相、御史、列侯、中 2000 石、诸侯相等各级官僚，推举贤良方正、敢于直言进谏的读书人到朝廷做官。同时，又鼓励天下吏民直接给皇帝上书，提建议，发议论。朝廷为此专门设置了管理上书事务的公车司马令，称为“公车上书”。诏书下达全国各地后不久，上千件“言世务”的上书送到了京城长安。年轻的武帝精力充沛，不厌其烦地阅读经过选择的奏章。有个叫东方朔的，一次上书就写了 3000 片简牍，汉武帝读了两个多月才读完，可见他的思才若渴之心。通过上书言事，董仲舒、主父偃、徐乐、严安、朱买臣等思想家、政治家都给他选用了。这位年轻的皇帝，一开始就表现出卓越的胆识。

汉武帝的诏书说要举贤良方正，没有说只举儒生。做过武帝老师、深知他用心的丞相卫绾上奏说："所举贤良之士，有的治商鞅、韩非的刑名之学，有的习苏秦、张仪的纵横之言，只会惑乱国政，请陛下把这些人都黜退。"这个奏疏，正中武帝心意，他立即批了一个"可"字。从中央到各郡国，立即按照这个要求推举"贤良"，准备进京对策察问。他还优礼隆重地把年已 80 余岁的老儒生申公请到朝廷里来，向他请教。赵绾、王臧当官后办的第一件事就是按照儒家经典《礼记》规定的制度，在京城南面造了一座明堂，作为皇帝接见诸侯之用。皇帝在明堂里背着屏风于南面站立，诸侯等分尊卑站立两旁，"万国衣冠拜冕旒"（冕旒，天子的礼帽和礼帽前后的玉串），比叔孙通定的朝仪还要尊严。建元五年（前 136），武帝又下诏设置"五经"(《诗》《书》《礼》《易》《春秋》）博士，提高儒家经书的地位。

汉武帝的崇儒和对儒生的优待，引起一向崇奉"黄老"的窦太皇太后的极端不满，武帝不能不有所顾忌。太皇太后归天后，障碍清除，掣肘之人没有了，武帝立即任命田蚡为丞相，开始毫无顾忌地推行自己的大政方针。

元光元年（前 134），年仅 22 岁的汉武帝再次下诏，命举贤良文士上书对策。一时间，儒生士子都想通过金殿对策，得到当今皇上的赏识，从而得个一官半职。董仲舒前后给武帝上了三策，策策打中武帝的心，后来被称为“天人三策”。董仲舒是广川（今河北景县）人，少年时代就攻读《春秋》，汉景帝时当了博士，收了许多学生。在研读儒家经典方面，董仲舒有股子钻劲。他夜以继日地刻苦攻读，3 年没有到自己的后花园去过一次。这样的刻苦用功，使他相当深入地掌握了儒家思想的精髓，并能把儒家经典结合汉代的现实进行阐述。武帝每下一道制书(发布皇帝命令的一种文书，盖有皇帝印玺)，董仲舒就有一封措辞得当、说理透彻的对策，送给武帝看。三道制书，三封对策，一问一答，有问必答,字字句句都切中武帝的心意（参见刘修明著：《雄才大略的汉武帝》，上海人民出版社 1984 年版）。

汉武帝在第一道制书里说（大意）：“朕即位以来，希望治理好国家，深感责任重大，昼夜不敢安心。深思万机，犹恐有失。故广请四方豪杰与贤良有学之士，希望能听到你们有关治国的宏论。朕当专诚听取，向诸位请教。”他在制书中提问：“三代受命，其符（古代以所谓‘祥瑞’的征兆附会成君主得到天命的凭证）安在？灾异之变，何缘而起？”

生活在科学水平不高的古代社会的思想家，是不可能找到历史发展和自然运动的客观规律，阐述其变化原因的。他们最简单又最权威的根据就是“天命”论。因此董仲舒在“对策”中回答说:“臣谨案《春秋》之中，视前世已行之事，以观天人相与之际，甚可畏也。国家将有失道之败，而天乃先出灾害以谴告之，不知自省，又出怪异以惊惧之，尚不知变，而伤败乃至。以此见天心之仁爱人君而欲止其乱也。”(《汉书·董仲舒传》)董仲舒用天谴论回答了武帝“三代受命，其符安在?灾异之变，何缘而起”的问题。

董仲舒的第一个对策，适应了当时汉朝从政治上、思想上巩固封建统治的需要，切中了当时政治上的最高代表汉武帝的心意。武帝兴奋之际，又下了第二道制书，命董仲舒将自己的政见写成文章，提出明确意见，“以称朕意”。董仲舒受宠若惊，连忙赶写第二道对策（参见刘修明著《雄才大略的汉武帝》，上海人民出版社 1984 年版）。

两次对策，都获得皇帝的嘉许，于是董仲舒感到不胜荣幸，接着，他在第三道对策中郑重其事地提出了自己思索多年的哲学观点和政治思想。董仲舒这套建立在唯心主义哲学观点上的政治思想，从“春秋大一统”的原则出发，维护了皇帝至高无上的权力；利用儒家思想维持封建统治秩序。在封建社会的上升时期，董仲舒的思想原则，不仅加强了封建中央集权制度，也适应了建立在宗法制基础上的封建地主经济的发展要求。这就是武帝能够接受他三次对策的根本原因。

董仲舒对策成功，“罢黜百家，独尊儒术”成为汉武帝时期意识形态领域中的一项重大政策，这两件事对以后的封建社会产生了深远的影响。董仲舒后来年老归家，朝廷每有大事，还遣使相问。他的对策和儒家论著前后共写了 123 篇，其中一部分保留在流传至今的《春秋繁露》这部古书中。

汉武帝实行了中国封建社会政治史和思想史上著名的“独尊儒术，罢黜百家”的方针，儒家思想从此获得名正言顺的官方地位，但这并不意味着武帝就不采用法家的法治思想了。武帝在他统治的 54 年间，执法非常严厉，实际上是贯彻儒表法里执政理念的封建帝王。有一次，武帝谈到文学儒者，说：“朕物色此类人才，是想广施仁义啊。”耿直的大臣汲黯马上接着说：“陛下内心欲望甚多，不过是在表面上好施仁义罢了！”一句话说得武帝拉长了脸，但又不好发作。因为他被这个直言不讳的大臣讲中了，只好怏怏不乐地罢了朝。武帝总结历史经验，懂得只依靠赤裸裸的法治是无益于巩固封建统治的。但仅有儒家的德教而没有法治的配合，封建国家也无法行使它的阶级统治的职能。这就是武帝接受董仲舒的思想，使用他又不加以重用（只让他当诸侯王的相）的原因。儒表法里思想，是武帝统治思想的实质。武帝在汉代思想意识形态发展方面的作用，表现在他顺应时代潮流和社会需要，为封建专制主义的统一帝国建立了同封建经济基础相适应的意识形态，巩固和促进了封建制度的发展（参见刘修明著 :《雄才大略的汉武帝》，上海人民出版社 1984 年版）。

4. 实施推恩，加强集权

年轻的汉武帝雄心勃勃、精力旺盛，他要实现功过三皇五帝的政治理想。为了达到目的，他必须使汉帝国的政治、经济、军事大权牢固地掌握在自己手中。但是，汉兴 70 年来，虽说皇帝是至高无上的，可是由于历史和社会原因，还谈不上实现了巩固的封建中央集权制。窦太皇太后在世时的掣肘行为使他深感只有大权独揽才能号令施行。思想上的统一，必须辅以政治上的集权。为此，他不遗余力地采取各种措施，加强以皇帝的最高权威为标志的封建中央集权制。武帝的历史功绩之一就是他顺应历史潮流，果断地采取各种方法，大体上完成了加强封建专制主义中央集权制的历史任务。

元朔二年（前 127）正月的一天，一个在长安已经十分潦倒的临淄（今山东淄博市东北）人主父偃给汉武帝上书。武帝早上读到主父偃的上书，大为惊叹，傍晚时分就召见了他。奏书上什么内容使武帝如此思贤若渴呢？主父偃这个名字，武帝是听说过的。元光元年（前134），大将军卫青曾几次向武帝推荐过他，说此人有才能，可重用，可是当时武帝并没有当回事。后来主父偃在长安把钱花光了，诸侯宾客都看不起他，穷困得没有出路的主父偃才鼓起勇气给皇帝上了书。奏书中讲了9件事，其中8件有关政治和法律，1件专论伐匈奴。没想到一封奏书惊动龙颜，武帝召见了他。交谈之后，武帝感慨地说："公皆安在？何相见之晚也！"立刻拜主父偃为郎中（战国时官名，汉代沿用。管理车、骑、门户，并内充侍卫，外从作战）。主父偃受到信任，又几次上疏言事，一年之中升了4次官，做了职位较高的中大夫，充作顾问。

主父偃

主父偃的奏书中最打动汉武帝之心的是这样一段内

容："之前虽然封诸侯，但封地很小，只有百里左右，天子容易控制他们的强弱变化。今天诸侯国往往有城池数十，范围几千里。朝廷对他们宽和，诸侯就骄奢淫乱；对他们严峻，诸侯就联合起来反抗。如果今天按照法律来削藩（诸侯），就会走向反面，引起诸侯反叛。景帝时晁错建议削藩，就是先例。当今，每个诸侯王都有十几个儿子，而只有其中的嫡长子才有继承权，其他子弟虽然也是诸侯王骨肉，却分不到一尺封地。臣建议陛下诏令全国诸侯王，允许他们把土地分封给所有子弟，此法叫作'推恩'。诸侯子弟都会为得到封地而高兴，对陛下感恩不尽。而这一做法实际上是分解了各诸侯国，使他们日趋削弱。不消几代，诸侯国的问题就解决了。"

汉武帝想不到主父偃竟想出了这样一个高明、简便而又不牵动汉家天下的好办法，帮自己解决了悬在心头多年的一个大问题。从汉高祖刘邦以来，诸侯王的问题一直很棘手。虽说刘邦费了九牛二虎之力解决了异姓诸侯王（如韩信、彭越、英布等人）的问题，景帝又平定了"七国之乱"，可是同姓诸侯王的问题并未彻底解决。过去，秦始皇没有分封子弟之王、"外无尺土藩翼之卫"。刘邦消极吸取秦始皇的教训，封了同姓王，得到了"藩翼之卫"，可是诸侯王拥有广大国土，掌握了诸侯国内的政治、经济大权，享有封国的全部租税，每年只向皇帝缴纳封国人口每人 63 钱的“献费”。诸侯国大部分官吏也由诸侯王自行任免。诸侯王国“跨州连郡，连城数十；宫室百官，同制京师”，俨然是割据一方的小皇帝，造成严重的离心倾向。诸侯王国和封建中央集权形成严重的对立状态。凡是主张中央集权的政治家、思想家都感到事态严重，建议早日解决诸侯王国的问题。景帝时，御史大夫晁错曾建议削藩，把王国的部分土地收归中央直接统治。景帝接受建议，开始削藩，不料引起羽翼已丰的七国反叛。虽然景帝平息了叛乱，晁错却成了刀下之鬼，成为这次平叛的牺牲品，多少人都为晁错扼腕叹息。“七国之乱”平定后，吴、梁、齐、赵等几个较大的王国分成几个小国，“诸侯王不得复治国”，王国官吏任免权收归中央，但诸侯王名义上仍然是封君，可以“衣食租税”。王国领土面积仍然很广大，诸侯王还掌握着雄厚的经济力量。不从根本上解决诸侯王的问题，他们仍有可能同中央对抗，也就谈不上绝对专制主义的中央集权。

汉武帝做了皇帝以后，眼见大量租税为诸侯王分食，削弱了中央的财政经济力量，许多事都办不成，心中十分不满。无奈分封刘氏为王是高祖刘邦的遗训，不可违抗。他苦思冥想，也找不到一个好办法。想不到主父偃的一封奏书出了个“推恩”的好点子，使他茅塞顿开。

汉武帝全盘接受了主父偃的建议，把“推恩”定为固定制度。他是一个下了决心就做的人。就在主父偃上书的同一个月，他在朝廷上庄严地颁布了“推恩令”，命令各诸侯王在封国内分封子弟为王，由皇帝给予名号。诸侯王谢恩之后，说不出心里是什么滋味。他们提不出任何反对理由，但是都很清楚，在“推恩”及其子孙国王的名义下，要不了几代，诸侯王的一切就全完了。主张中央集权的大臣心里很高兴，王侯势力将进一步削弱，中央集权将进一步加强，汉帝国的统一也会更加巩固。武帝的脸上露出了充满自信的笑容，他又一次获得了成功。在此之后，几乎不可能再有诸侯王“拥土自雄”了。他们仅有名义上的一块封地，而且将变得越来越小、越来越弱。

与此同时，汉武帝又接受了主父偃的另一建议。这时，汉武帝的陵墓——茂陵新建成不久（汉朝制度规定，皇帝一即位就开始修建陵墓），主父偃建议把郡国豪杰以及财产在300万两以上的，全部使其迁往茂陵地区居住，可以起到“内实京师（茂陵在长安西北），外销奸猾”“不诛而害除”的作用。这样，前后有6.1万多户、27.7万多人，迁移到茂陵，在陵旁建制了县邑。

“推恩令”是汉武帝29岁时采取的政治措施。这项措施对加强中央集权起了重大作用。不过，武帝并没有掉以轻心。因为从“推恩令”开始推行，到诸侯王最后自行消失，要经过几代的时间。好大喜功、急于求成的武帝，是等不及的，他要在他这一代就看到成绩，因此，他念念不忘早点解决诸侯国的问题。元鼎五年（前 112），武帝又抓住“酎金事件”，把业已无权的诸侯王狠狠整了一下。按照汉朝制度，皇帝每年八月要到宗庙主持大祭，叫作“饮酎”。“酎”是一种在正月开始酿造、到八月饮用的醇酒，饮酎时，所有参加祭祀的诸侯王，都要奉献助祭的黄金，称为“酎金”。酎金要有一定的分量和成色，数量以百姓人口数计算，每 1000 人奉金 4 两，人口越多，酎金量越大。这对诸侯王来说是一个沉重的负担。他们想，这笔财产最后总是落到国库中去，分不出是谁献的，因此就来了个偷工减料，以少充多，以次充好。这种在进奉朝廷时偷工减料的事情，以前也曾发生过，只是没有当作大事来抓，所以也就蒙混过去了。元鼎五年（前 112）八月的祭祀中，诸侯王又如法炮制。想不到早有准备的武帝已在等着他们，立即抓住这点作为口实。在汉以“孝治天下”的时代，对祖宗祭祀不诚是最大的不孝。武帝叫少府官吏测定每个王侯酎金的成色和应奉献的分量，这下子王侯们大惊失色。武帝抓住真凭实据，很快在九月里宣布：夺去“献黄金酎祭宗庙不如法”的 106 位王侯的爵位。事情还涉及丞相赵周，他因知情不报，被下狱治罪，后来自杀于狱中。

汉武帝还采用法治或绝嗣（无后代）除国的办法，废除了一批王侯。建元二年（前 139），济川王刘明以杀太傅、中傅罪被废除，除其封国；元朔二年（前 127），燕王刘定国有罪自杀，除其国；元狩元年（前 122），淮南王刘安谋反，除其国，以其地为九江郡（相当于今安徽淮河以南、瓦埠湖流域以东、巢湖以北地区）；同年，衡山王刘赐反，除其国，以其地为衡山郡（相当于今河南信阳，湖北红安、黄冈以东，安徽霍山、怀宁以西，南至跃江，北至淮河地区）；元狩二年（前 121），江都王刘建自杀，除其国，以其地为广陵郡（相当于今江苏长江以北、射阳湖西南、仪征以东地区）；元鼎三年（前 114），常山王刘勃有罪，除其国；元鼎五年（前 112），济北王刘宽有罪自杀，除其国，以其地为北安县，属泰山郡（相当于今山东淄博，长清南，肥城东，宁阳、平邑北，沂源、蒙阴西地区）。此外，因无嗣而除国的，有清河王刘乘（前 136）、山阳王刘定（前 135）、胶西王刘端（前 110）等。但那都是逐个解决，比不上"酎金事件"一下子就解决了 106 人。从此，历史上长期遗留下来的国家不统一局面基本解决了。虽然分封制还未绝迹，但已成为一种形式。诸侯王只能"衣食租税，不与政事"，成为对皇帝俯首帖耳的臣仆，再也没有汉初那种"一胫（小腿）之大几如腰，一指之大几如股（大腿）”（贾谊语），或“连城数十，地方千里”（主父偃语）的情况了。在完成国内统一、加强专制集权方面，武帝继承并实现了汉初帝王的事业。他有胆有识，敢作敢为，干净利落地干了他想干的事。

汉武帝在对付诸侯王割据势力的同时，对如何独揽中央大权想得更多。丞相这个官衔，时时在他脑海里浮现。因为汉朝丞相的权力太大了，真可谓在“一人之下，万人之上”。不削弱丞相手中的大权，怎能使皇帝掌握大权？

丞相是秦代官制，设有左、右丞相，右丞相居上，左丞相居下。丞相的官印是金印，印纽上系着紫色绶带，职责是“助理万机”。表面上，丞相要秉承皇帝旨意办事，实际上却是整个政权的负责人。皇帝在宫廷内接见大臣，处理国政，称为“内廷”；宫廷之外的事，都由丞相掌握，称为“外廷”。所有国家大事的决定、法令的制定、百官的管理，丞相无不参加，甚至有权斩杀其他官吏。汉景帝以前的丞相，大都是开国功臣，皇帝尊敬他们，百官更是恭谨从命，非有大过，不得更换。因此，汉初丞相萧何、曹参、陈平、王陵、灌婴、申屠嘉等人，都是终老于相位的。丞相终身在位，必然导致对皇帝权力的分散。汉武帝还记得汉文帝时的一个故事：文帝有个宠臣邓通，有一次和文帝开玩笑，文帝不以为然。丞相申屠嘉知道了，要治邓通对皇帝不恭敬之罪。文帝说："我很喜欢他，就算了吧！"申屠嘉回到相府，令人把邓通叫来，斥责说："你这个奸臣，竟敢和皇帝寻开心，大不敬，按律当斩！"吓得邓通跪下连连叩头，碰得头破血流。后来，还是文帝出面讲情，才免了邓通一死。申屠嘉虽说是为了维护皇帝尊严，可他连皇帝的话也不听，不显得权势太重了吗？汉朝还有"廷议"的制度，以丞相为首的重要官吏，可以就国家大事、皇帝诰命，在皇帝面前争论。贵为"天子"的皇帝，好像是个仲裁人。丞相权大，就意味着皇权缩小。武帝即位后，功臣出任丞相的情况虽已不复存在，可是外戚出任丞相的情况却是寻常，如窦婴、田蚡都是。这些皇亲国戚身居高位，又和武帝有至亲关系，有时就不把武帝放在眼里，如田蚡是武帝的母舅，有时就不把他看成皇帝，曾和他争过用人大权。武帝十分不满这种情况，决心要加以改变，直接掌握行政大权，削弱丞相的权力，建立一个完全归自己控制的集权机构。

要在外廷削弱丞相权力，必须在内廷加强皇帝集权，逐步把外廷的权力转移到内廷中来。汉武帝想了个办法，加强内廷的"中书"和"尚书"机构。中书由宦官担任，尚书由一般官吏组成，是侍奉皇帝或做些秘书之类的工作的。这些内廷职务早已存在，但不是行政中枢。武帝有意把中书和尚书变成行政中枢，使内廷的作用大于外廷，这样就能削弱丞相的权力。武帝又存心让儒生出任丞相，改变由外戚担任丞相的旧制。这样，皇帝就可以随心所欲地支使丞相了。儒生出任丞相的第一人是公孙弘。公孙弘出身贫苦，是放猪出身的读书人，60多岁才被征为博士。这种老儒生升任丞相，对皇帝自然是感恩不尽，唯命是从。这样，丞相的地位和权力，自然大为削弱。从公孙弘以后，历任丞相的有李蔡、严青翟、赵周、石庆、公孙贺、刘屈氂等人，都已无大权，大权被集中到内廷去了。一切文书、奏章、政令，都由内廷的尚书、侍中、中书等官吏掌握。他们代表皇帝发号施令，可以和皇帝商议政事。尚书等人有权弹劾大臣，权衡2000石大官的成绩过失，而丞相只能承旨顺命。丞相没有了实权，丞相办公的地方丞相府逐渐变得门庭冷落，以致后来根本不加修缮，成为败屋，最后变成马厩、车库和奴婢居室。它形象地表现了丞相权力的衰落。

加强了皇权，削弱了相权，丞相就成了皇帝手里的玩偶。汉武帝通过调整中央政权机构，独揽大权，亲自管理一切。九卿常常不通过丞相而直接向他奏事，他对丞相也不像以前那样尊重，常常当面谴责，借故黜免，甚至治罪处死。当了丞相，不仅没有实权，反而如临深渊、如履薄冰，致使这个职位无人愿意担任。骑士出身的公孙贺被拜为丞相时，不肯接受印绶，向武帝叩头流涕说："臣本是边地骑马射箭的粗人，才能低下，不足以承担丞相重任，陛下免了吧！"他讲得如此诚恳，哭得这样伤心，武帝和左右的官员也被感动得伤心落泪。武帝说："把丞相扶起来吧！"公孙贺听说是扶"丞相"起来，跪在地上死也不肯起身。武帝令出必行，不管他涕泣，起驾回宫了，公孙贺这才不得已当了丞相。出宫时，左右侍从问他为什么不肯当丞相。公孙贺说："当今皇帝贤明，贱臣不能称职。从今以后，我的身家性命危险了！"果然，公孙贺一家后来在"巫蛊"之祸中被灭族。武帝在位期间前后有 13 个丞相，3 人被免职（卫绾、许昌、薛泽），2 人获罪自杀（李蔡、严青翟），4 人被下狱处死（窦婴、公孙贺、赵周、刘屈氂），只有 4 人（田蚡、公孙弘、石庆、车千秋）善终相位。可见，在武帝手下丞相是不好做的。

这样，汉武帝通过削弱相权，巩固了自己大权独揽的神圣地位（参见刘修明著：《雄才大略的汉武帝》，上海人民出版社 1984 年版）。

5. 建立中外朝制度

西汉初期，丞相位尊权重。至景帝时，丞相一人独立把持相权，权力很大。《汉书·百官公卿表》记：“丞相、相国，皆秦官，金印紫绶，掌丞天子助理万机。”在选用官吏、诛讨百官、主持郡国上计以及总领百官朝仪与奏事等诸方面都有权力。这一时期，丞相总行相权，地位显赫，丞相的职责无所不包，名实大致相符。但是，这种情况是与皇权专制制度相抵触的。皇帝对丞相职权一直心存顾虑，并努力使丞相之位处于从属地位。汉武帝加强中央集权着重在中央政权内部强化皇帝个人的权力。在削弱外朝相权变更宰相制度方面，武帝从控制丞相人选和丞相职权两方面入手。一方面，选布衣公孙弘为相，从此之后，宰相必封侯。这是汉朝政治制度的一大转变。也就是说，自武帝时开始，做了宰相就可以封侯，而不像过去那样先为有功列侯，

西汉未央宫复原图

而后才能拜相。这说明武帝为了削弱相权，提高皇权，已经改变了常规，在不受资望、能力、阶级等条件拘束的情况下，选用自己认为满意、易于控制的人充任相职。另一方面，丞相职权从武帝开始也逐渐减轻、分流，变得越来越小。如丞相原有的监察郡国长吏之权也为武帝直接派遣的十三州刺史和司隶校尉所取代（参见孟祥才著：《先秦秦汉史》，山东大学出版社 2001 年版）。

汉代中央官制最大的一个变化就是汉武帝时期中外朝的设立。中朝也称“内朝”，是汉武帝为削弱三公（即丞相、太尉和御史大夫）权力而设置。外朝又称“外廷”，是以丞相为首的三公九卿组成的行政办事机构。汉初，丞相掌朝政，太尉掌管全国军事，御史大夫监察百官。皇帝只在朝会上对重大朝政做指示。汉武帝为了中央集权才设置了中外朝，由中朝对文武百官发号施令。中朝由皇帝的亲信、内侍组成，直接对皇帝负责，这是中央集权的一种手段。

中朝官员主要来自郎中令。武帝太初改制时，将郎中令更名为“光禄勋”。此官类似皇室办公厅主任兼宫廷卫戍长官；此官下属设置有：其一，“掌论议”的大夫、中大夫和谏大夫。其二，郎。有议郎、中郎、侍郎、郎中。另外一个选拔中朝官员的机构是少府。其职责是掌管山海池泽，供皇室生活，即供养皇帝的长官，相当于皇室的后勤处长。从这两个机构中选拔出来的中朝官员又可以分成以下两种：一是皇帝的左右亲信。这些亲信一部分是从郎中令的下属官员中选出来的。如武帝时期有严助、朱买臣、司马相如、主父偃、严安、东方朔等。这些人中，严助先为中大夫、会稽太守，后留“侍中”。朱买臣也是先为中大夫，后与严助同为侍中，后又为会稽太守。其后犯法免官，又为丞相长史、侍中。主父偃，先为郎中令、谒者、中郎、中大夫，随后为齐王相。主父偃与严安都曾为郎中，后来严安为骑马令，主管天子骑马。司马相如在景帝时“以訾为郎”，后为成都富人，武帝时又为郎。东方朔，先后为常侍郎、太中大夫、给事中、中郎等。

这些皇帝左右的亲信，往往还加有侍中、常侍、给事中、散骑等头衔参与国事的商议。这些头衔是汉代的加官，是在原来的官职之外加的官衔，这样可以出入禁宫，与皇帝接近。侍中，是秦官，是皇帝左右的亲信人员。最初主要是服侍皇帝的生活，如管理便壶、痰盂、舆服等事务。后来逐渐发展为过问议论朝政大事和受皇帝派遣作为特使处理边防等特殊事务。中常侍，也是秦官，西汉时期沿用，也是一种加官，与侍中可以一起出入宫廷，由上至列侯、卿大夫，下至郎中的官吏兼任。到了东汉时期才有宦官专门任此职。给事中，也是加官，所加者为大夫、博士、议郎，主要是执掌顾问应对，地位在中常侍以下。

除上述文臣亲信外，武帝还有武将亲信。如卫青，曾先后为建章宫监、侍中、太中大夫、车骑将军、大将军。再如霍去病，“少而侍中”，后为骠骑将军、大司马。他们也作为皇帝亲信与皇帝关系非常密切，参与机要大事的商定（参见宋 徐天麟著 :《西汉会要》，上海古籍出版社 2006 年版）。

中朝的另一种表现形式就是处理日常行政事务的尚书台与中书令的出现。尚书的官名，最早见于秦朝。其实战国时期已经有此官了，但那时它只是负责文书的小吏。秦时的尚书是由战国时期的主书或掌书发展而来的。按照秦制，尚书属于少府，并且有尚书令、尚书仆射、尚书丞及左右曹诸吏，已经初步形成了自己的办事机构。尚书包括 4 人，负责文书收发。其地位并不重要，各种事务都由丞相决定，尚书只是皇帝与丞相之间的转达站。汉武帝时，为了削弱相权，强化君权，就更多地利用了尚书这个机构，并且任用宦官为尚书，这就是中书。尚书 (或中书) 是皇帝的近侍，办事又日益增多，自然其地位是日益重要。汉武帝是个有雄才大略的皇帝，他扩大了尚书的权力，让其处理国家行政事务，代替部分相权。可是，他虽然把丞相的权力收回了宫廷，却不下放，这些身边的近侍只有参与权，却无决策权。所以武帝时期的中书地位仍得不到尊崇。司马迁曾任过中书令，他在写给友人任安的信中说："今已亏形为扫除之隶。"他虽为中书令，但地位还是很低下的。

武帝时期尚书台长官为尚书令，次官称"丞"。张汤的儿子张安世曾因为写字好、记忆力强，被武帝任命为中书令。武帝以后，随着君权的发展和皇帝个人能力的减弱，尚书的职权逐渐增大，如汉元帝时任石显为中书令。后来，石显内外结党，权力愈大，政事皆由他决定，朝廷上下对他恭敬有加（参见吴光远编著：《权力与人性：中国古代皇权之争》，光明日报出版社 2003 年版）。

武帝时的中朝可分为两部分：尚书台有关人员和左右亲信。尚书台人员主要负责机要文件的收发、保管和评议，为皇帝提出意见，待审决后交由相应办理机构处理；左右亲信是由皇帝亲自选出来，给予"侍中""给事中""中常侍"等官位称号来贯彻武帝意图，可直接委派为使臣处理有关问题及诘难丞相等公卿大臣。

二、北击匈奴，西通西域

1. 与匈奴再起冲突

匈奴是我国中原以北的强大游牧民族，其先祖是夏后氏的子孙，随畜牧而迁移。公元前 3 世纪匈奴建立了结构统一的政权，秦朝统一天下之后，蒙恬将匈奴击退至阴山以北，匈奴数十年不敢南下。西汉前期，匈奴又渐渐强大起来，控制了整个西域地区，屡次进犯边境。

大漠南北在匈奴兴起之前曾出现过鬼方、荤粥、戎和狄各族。匈奴的本部是现在所说的蒙古高原地带。它的东边是东胡，东胡后来称为“乌桓”，据说是因为其所居地为乌桓山，因而得名。

东胡后来也称“鲜卑”，据说是因为其所居的地方有鲜卑山。

匈奴南边的疆界与楼烦、林胡接壤，但这两个国家所占的地方可能不大，而且为匈奴所并后，又为赵国所攻破。

欧洲的罗马历史学家曾记载，匈奴人在欧洲，不只战时用骑射，平时也常在马背上，连吃饭、闲谈及交涉都在马背上。正如《淮南子·原道训》所说：“人不弛弓，马不解勒。”匈奴人用畜皮做衣服。他们很早就制作裤子、长靴、长袍、尖帽或风帽，这种服饰，无论在行动或保暖方面都很适应马背上的生活。战国

西汉外交家张骞雕塑

时代赵武灵王所采用的胡服就是这种服装。

匈奴人将牲畜毛皮制成毡帐，用毛毡做成顶棚而成“穹庐”，这便是他们的住所。这种住所需要木条做柱梁，每个穹庐所用木材不是很多，较轻便，易搬迁。穹庐不太大，一般父母子女一家四五口睡在里面就很拥挤。所谓“父子乃同穹庐而卧”，这种居住条件是汉人所不习惯的（参见姜正成主编：《武皇开边：漠北之战》，中国财富出版社 2015 年版）。

由于历代政策的影响，在对待匈奴问题上，汉武帝表面上不得不遵循高祖厘定的与匈奴和亲的国策，但暗地里却在积极筹划反击匈奴。建元三年（前 138），他便着手策划北伐事宜：派张骞出使大月氏，欲断匈奴右臂。

建元六年（前 135），匈奴单于军臣遣使请求和亲。这时，窦太皇太后刚去世，武帝亲政，在和亲一事上，他没有行使皇帝的权力，而是把此事交给大臣们讨论，他试图以此为契机来扭转大臣们的思想。

果然，有几个人挺身而出，反对和亲，要求兴兵北伐，“大行王恢持之尤力”。王恢是燕人，又在边郡为吏多年，对匈奴人很了解。他说：“汉与匈奴和亲，率不过数岁即背约。不如勿许，举兵击之。”（《汉书》卷九十五《两粤传》）

但主和派仍占优势。御史大夫韩安国第一个站出来反对。韩安国虽读过《韩非子》等书，但他为人处世持重守成，清静无为，颇具“黄老”风范。他失官赋闲时，一个叫田甲的狱吏侮辱他，韩安国复官后不仅没有报复，反而以德报怨，一直善待田甲。像他这种持重谨慎之人，又受过窦太皇太后的恩遇，对“无为而治”依旧推崇备至，故竭力反对向匈奴开战，说匈奴人迁徙无常，难以制御；得其地不足为广，有其众不足为强；千里征战，人疲马乏，难以取胜云云。

窦太皇太后去世才数月，众大臣大多还没有从“黄老”无为的思想桎梏中解放出来，纷纷赞同韩安国的观点。这时在丞相任上的是田蚡，上任伊始，也没有明确表态。

迫于众大臣的态度，武帝只得同意和亲。

翌年，马邑有一个富豪聂壹献计于王恢说：“匈奴初和亲，亲信边，可诱以利致之，伏兵袭击，必破之道也。”（《汉书》卷九十五《两粤传》）王恢如获至宝，但他知道，此举必然会遭到韩安国等人的反对，为了驳倒主和派，他做了充分的准备。

第二年春节刚过，他把聂壹的计策上奏武帝。武帝大喜，立即召集公卿集议。这次，他先声夺人：“朕饰子女以配单于，币帛文锦，赂之甚厚。单于待命加嫚，侵盗无已，边境数惊，朕甚闵之。今欲举兵攻之，何如？”（《汉书》卷九十五《两粤传》）

王恢抢先发言，表示赞同。韩安国也不甘示弱，又站出来反驳王恢。他抬出了高祖，说高祖从白登山之围后，遣使和亲，利及五世。又举例说文帝兴兵北伐匈奴，终无尺寸之功。王恢也说圣王因时制宜，那时天下残破，为了休养生息，故与匈奴和亲。现在情形不同，不能再放任匈奴侵掠了。两人唇枪舌剑，反复辩论。最后王恢提出了一个诱敌伏击的计划，并表示："单于可禽，百全必取。"王恢话音刚落，武帝便大声叫好："善！"（《汉书》卷五十二《韩安国传》）韩安国一班大臣不敢再说什么了。向匈奴开战，就这么决定了。

元光二年（前133）六月，诱歼匈奴的战役拉开帷幕。汉武帝任命卫尉李广为骁骑将军，太仆公孙贺为轻车将军，太中大夫李息为材官将军，统兵30多万，埋伏于马邑城附近的山谷中；命大行王恢为将屯将军，率领一支军队，待匈奴兵南下后，兵出代郡（郡治代县，今河北蔚县东北），从背后拦截守护兵器辎重的匈奴人；命御史大夫韩安国为护军将军，监督四路大军（参见安作璋，刘德增著《汉武帝大传》，中华书局2005年版）。

大军布置既毕，聂壹找到军臣单于，悄悄地说："吾能斩马邑令丞吏，以城降，财物可尽得。"（《汉书》卷五十二《韩安国传》）军臣单于信以为真，让他回去依计行事，自己则集结兵马以待。聂壹回到马邑，与韩安国等人密谋之后，把一个死囚犯的人头割下，悬于城上，对军臣单于派来的人说马邑令丞吏已被他杀了，催军臣单于速速进兵。

军臣单于闻报，立即率10万人马杀奔马邑而来。一路不见汉兵阻击，原野上牛羊成群，却不见放牧之人。军臣单于渐渐起了疑心。恰巧，雁门郡的一名官员巡视属县，见匈奴兵来，躲进一亭。匈奴骑兵将他俘虏，面对屠刀，他胆怯了，和盘托出了“马邑之谋”，军臣单于大惊失色,他的前锋部队距马邑仅有100余里，差点中了埋伏，急忙传令撤兵。汉军进击，未能追上。这时王恢已绕到了军臣单于的背后，正准备拦截辎重，突然见匈奴大军掉头返回，知道机密已泄，自己兵马又少，遂按兵未动。

“马邑之谋”以失败而告终。武帝以此计出自王恢的建议,而他又临敌畏缩不前,将他斩首。自此之后,汉、匈的“和亲”关系彻底破裂（参见安作璋、刘德增著：《汉武帝大传》，中华书局2005年版）。

军臣单于脱身后，很快便重整旗鼓，挥师南下，侵掠长城内外。武帝加紧筹备北伐事宜。元光六年（前129）,北伐开始。是年春,汉军4万精锐骑兵分四路北伐：车骑将军卫青从上谷（郡治沮阳，今河北怀来东南）出击；骑将军公孙敖从代郡出击；骁骑将军李广从雁门（郡治善无，今山西右玉南）出击；轻车将军公孙贺从云中（郡治云中，今内蒙古托克托东北）出击（参见安作璋，刘德增著：《汉武帝大传》，中华书局 2005 年版）。四路大军在东西千里的战线上，同时发起进攻。

卫青挥兵北上，深入匈奴腹地，一直打到龙城（今内蒙古锡林郭勒盟西乌珠穆沁旗附近）。龙城是匈奴人的“圣地”，每年五月，匈奴人都大会于此，祭祀祖先、天地与鬼神。卫青斩首和生俘 700 余人凯旋。公孙敖却被匈奴打得大败，1 万骑兵损失了 7000 多。李广更惨，被匈奴活捉，在被押送去见军臣单于的路上，夺得一马逃回。公孙贺一路没寻得匈奴人，徒劳而返（参见安作璋，刘德增著：《汉武帝大传》，中华书局 2005 年版）。

四路大军唯卫青一路立功。卫青从此脱颖而出。

卫青，字仲卿。父亲郑季，平阳（今山西临汾西南）人。平阳是汉开国元勋曹参的封邑，曹参死后，儿孙世袭。传至曹寿时，尚武帝姊阳信长公主，即平阳公主。(《汉书》卷五十五《卫青霍去病传》说：“平阳侯曹寿尚武帝姐阳信长公主。”颜师古注：“寿姓曹，为平阳侯，当是曹参之后，然《参传》及《功臣侯表》并无之，未详其意也。”实际上曹寿之“寿”乃“时”之误。平阳公主即阳信长公主，因其夫为平阳侯，故名，或曰“平阳主”)。长公主有个婢女叫卫媪，颇有几分姿色，与人私通，生了1儿3女，皆从母姓，男名卫长君，长女名卫君孺，次女名卫少儿，三女名卫子夫。后来，侯府中又来了一个办事的小吏，叫郑季，也是平阳人。卫媪又与他私通，生下了卫青。郑季任职期满，离开了平阳侯府（参见安作璋，刘德增著：《汉武帝大传》，中华书局2005年版）。

卫青七八岁的时候，卫氏打发他去寻找父亲。郑季家里有一房妻儿，卫青来了后，那几个同父异母的兄弟都瞧不起他，郑季也不喜欢他，整天要他去放羊。一天，有人见了卫青，惊呼曰："贵人也，官至封侯。"（《汉书》卷五十五《卫青霍去病传》）卫青苦笑道："人奴之生，得无笞骂足矣，安得封侯事乎！"（《汉书》卷五十五《卫青霍去病传》）长大成人后，卫青在郑家无法立足，又回到了平阳侯府，做了平阳公主的一名骑士。

建元二年（前139），卫青的命运有了转机。是年，姐姐卫子夫被武帝纳入宫中。不久，卫青也被召进了建章宫当差。

皇后陈阿娇一直没有生育，听说卫子夫有了身孕，皇后母亲馆陶长公主恨得要死，她奈何不得卫子夫，便拿卫青出气，把他抓了起来。卫青有个好友，叫公孙敖，时为骑郎，邀几个壮士把卫青救了出来。武帝听说后，怕他再遭不测，便拜他为建章宫监，侍从于身边。不久，卫青又进位太中大夫。

元光六年（前 129）大汉出击匈奴，武帝慧眼识贤，觉得卫青才堪将帅，遂拜他为车骑将军。果然，卫青不负厚望，初战告捷。从此，武帝更加器重卫青（参见安作璋，刘德增著:《汉武帝大传》，中华书局 2005 年版）。

元光六年（前 129）这一仗，虽有卫青初战胜利，但在总体上，匈奴人占了上风。军臣单于得意起来，当年秋，匈奴又大举南下，渔阳（郡治渔阳，今北京密云西南）岌岌可危，武帝忙任命御史大夫韩安国为材官将军，率兵驰援，匈奴退兵。

翌年秋，匈奴铁骑又南下，其中一支约 2 万人马，攻入辽西（郡治阳东，今辽宁义县西），杀掳 2000 多人，辽西太守阵亡。渔阳、雁门二郡告急，韩安国的大营被围困多日。武帝不得不再次加强边防，选派名将出任边郡太守，李广被重新起用，到右北平（郡治平刚，今内蒙古宁城县西南）做太守。

这年秋天，武帝命卫青率 3 万骑兵从雁门关出击，又命将军李息率一支人马从代郡北进，与卫青互为犄角之势。卫青斩杀数千匈奴兵士，李息则没有取得什么建树（参见安作璋，刘德增著 :《汉武帝大传》，中华书局 2005 年版）。

在几路汉军的将领中，匈奴人最怕的是骁骑将军李广。李广是陇西成纪人，他是秦朝名将李信的后代，是资格最老、本领最大、能征善战的将军。

汉武帝命李广带兵1万自雁门关北上迎击匈奴。因为李广对匈奴有很大的震慑力，所以军臣单于就将大部分兵力集中在雁门关一带，并在雁门关北部设了一个大圈套，准备将最难对付的李广活捉并收降。

李广自出雁门关后便节节胜利、连连北上，岂不知已经中了军臣单于的诱敌之计。李广带领手下只顾向前猛冲，等他们发现中计之后，已经在匈奴大军的重重包围中了。几次突围均以失败告终，李广受伤后被匈奴兵生擒。

匈奴兵拿绳子结了一个网，吊在两匹马中间，将昏迷的李广放在网上，高高兴兴地回去领赏了。

活捉李广令这些匈奴兵惊喜欲狂，一路上谈笑风生。而李广一直昏迷不醒,匈奴兵就慢慢地放松了警惕。

假死的李广估摸着走出了几十里地了，就微微睁开眼睛，刺眼的阳光映出一匹骏马的身影，李广知道这是匹好马。看准时机后，李广从网上跃起，骑上那匹马，夺过马上士兵的弓箭，再将他推下马，没等匈奴兵反应过来，李广就调转马头拼命往回跑了。匈奴兵急忙勒转马头追赶，霎时间荒漠上扬起滚滚烟尘。

李广回头一看匈奴兵追赶而来，于是一边打马飞奔，一边搭弓射箭，追在最前头的匈奴兵应声落马。匈奴兵一看追击李广无望，只好放弃了（参见姜正成主编：《武皇开边：漠北之战》，中国财富出版社 2015 年版）。

这边公孙敖的战况也没好到哪儿去，他带领的 1 万士兵出代郡与匈奴交战，被匈奴打败，公孙敖带着残余的 2000 多人逃了回来。

公孙贺从云中出发，一路上没有遇到一个匈奴兵。后来得知雁门和代郡的两路兵马吃了败仗，公孙贺心中胆怯，不敢再前行，就下令班师回朝。卫青从上谷出发，一路追击匈奴到龙城。匈奴兵主力都调到了雁门，只留下几千名士兵留守城门。卫青率领的 1 万人马以多攻少，占了便宜。他打了胜仗，所杀和俘获人数达 700 多。卫青不敢孤军留在敌后，不久之后也领兵撤回。

这次出击，只有卫青这一路取得了小胜，李广和公孙敖两路大败，公孙贺白跑了一趟，从整个战局来看，还是匈奴胜了。

第二次反击又失败，汉武帝勃然大怒，把公孙敖和李广及违反军令的中下级指挥官、军吏、溃逃士兵全部依法处置。接着，汉武帝按这次出兵的功和罪进行赏罚。因为只有卫子夫的兄弟卫青打了胜仗，所以汉武帝格外地赏赐他，封卫青为关内侯。公孙贺总算没有损失人马，被封为南窌侯。公孙敖和李广损兵折将，大败而回，本当斩首，但念其过往功劳，准许他们赎为庶人。公孙敖和李广交了钱从狱中放出又做起了平民。对其他不服从指挥、弃军逃回的校尉和违反规定的军吏，则依军法严肃处理。

好在第二次反击的损失不大，汉武帝还发现了许多治军中的问题，汉军校尉和将领之间配合不好，中下层军吏中有许多人违反军令。汉武帝便开始着手整顿军纪，通过赏罚来调动士兵的积极性。

卫青虽是奴仆出身，却精于骑马射箭，勇敢超过常人，指挥有方。他性格谦逊，恩御手下，很得军心。卫青从奴仆一步步被提拔为汉朝大将，也体现了汉武帝不拘一格降人才的魄力（参见姜正成主编：《武皇开边：漠北之战》，中国财富出版社 2015 年版）。

2. 收复河南地

过了不久，第二次反击失败的阴云就被一件喜事冲得无影无踪。原来卫子夫在生了 3 个女儿之后，终于给汉武帝生了个儿子。汉武帝已经 29 岁了，虽然妃子众多，但终究没有一子，这个年龄得子令他欣喜若狂，早忘了战败的事，天天去看他的宝贝儿子。卫子夫也母因子贵，于元朔元年（前 128）三月十三日被封为皇后，其时大赦天下。

可惜汉武帝的喜悦马上就被匈奴来袭的消息给冲淡了，汉武帝又收到了边关告急的文书。原来秋天到

李广

了，匈奴趁着人肥马壮，想要夺取河南地（今内蒙古河套以南地区）。军臣单于派2万人马一路进攻南下，直奔雁门。汉将韩安国吃了败仗，不久便病死了。

这时汉武帝想起了赋闲在家的李广，于是下令让他接替韩安国的位置。心心念念回战场的李广立刻收拾戎装，奔赴前线，接管韩安国的军队。

李广胆识过人，箭法超群，反应迅速，因此大家都叫他“飞将军”。这个名号还有些来历。

传闻李广在接替韩安国的右北平太守之位后，除了日夜加强边防外，还时常出去打猎练身手。右北平一带时常有老虎出没，伤害百姓，李广就将老虎作为狩猎目标，只要有老虎靠近，就会将其一箭毙命。

有一天晚上，李广在昏暗的夜里巡逻，走到山脚的时候忽然看到草丛里趴着一只老虎，还没等手下人反应过来，李光已经将箭发射了出去。他的箭百无虚发，大家看他射中了目标，都跑过去看那只老虎，结果只见李广的箭射入了一块虎形石中，怎么都拔不出来。

李广也感到很奇怪，他又回到原地，用尽力气射了几箭，箭碰到石头都折了，石头上只凿出了很小的洞。其实大家已经看到了李广的箭有多大威力，连石头都能穿透，害怕什么匈奴兵啊！匈奴兵听到这件事以后，都不敢再进犯李广辖区的边境了（参见秦俊著：《汉武大帝》，北方文艺出版社 2005 年版）。

除了李广，汉武帝还派出了年纪轻轻却有军事才能的卫青。

汉武帝吸取了之前兵力分布太广，容易被击破的教训，这次将主力集中为两路，一路由卫青带领 3 万大军从雁门出发，一路由李息领兵由代郡出发，两路大军互相呼应向北挺进。由于军力集中，战争每每告捷，歼灭匈奴兵数千人，卫青更得汉武帝信任。

元朔二年（前 127）初，匈奴兵再次入侵上谷和渔阳抢杀掠夺。刚刚得胜回朝的卫青和李息，马上又被汉武帝派往该地，进行对匈奴的第四次反击战。

汉武帝此时改变了战争策略，因为之前的战役都是以赶为主，无法歼灭匈奴主力，甚至有时汉军占据优势也得不到好处，分散的汉军兵力会落入匈奴的包围中，战果往往不甚理想。这次汉武帝制定了一套声东击西、出奇制胜的策略。

渔阳和上谷位于汉朝的东北部，卫青伪装带领大部队向东北方向推进。到了北部地区，卫青却挥师向西急进，攻击匈奴西部的高阙（今内蒙古乌拉特后旗东南）和陇西，匈奴兵一时无防备，手脚大乱。而在渔阳和上谷的匈奴兵也遭遇了顽强进击，加之后无援兵，只得连连逃窜。

汉兵接着沿黄河南下，攻击河南地的匈奴兵，惊慌失措的匈奴人死伤数千人，大败而溃逃。

河南地的匈奴楼烦王和白羊王见兵败，只好弃城逃跑，同时丢弃的还有 100 多万头牛羊。

河南地的收复对汉朝来说是一件具有政治意义和军事意义的事情。河南地一直是中原和匈奴必争的战略要地，汉朝收回河南地相当于给匈奴胸膛插了一把剑，河南地成了防御、进攻匈奴的军事重地。这次战争的胜利大大鼓舞了汉朝对抗匈奴的信心。

汉武帝大喜过望，封卫青为长平侯。汉武帝在河南地设立郡县，重建新城，派将军苏建征调民夫 10 万多名建筑朔方城（今内蒙古黄河以南的鄂尔多斯），又征关东民夫，加固修理黄河以南蒙恬时修建的所有要塞城垣，这一系列措施使得河南地的防守能力提高很多。

后来，汉武帝又使中原人大规模迁往河南，放牧垦荒。河套地区土地肥沃，又有黄河灌溉的天然优势，很快便发展起来了（参见姜正成主编：《武皇开边：漠北之战》，中国财富出版社 2015 年版）。

3. 漠北大决战

汉朝收回河南地，就相当于打开了匈奴人活动区域的大门，从根本上扭转了战局，也为寻找匈奴主力作战创造了重要的条件。占据这一优势后，汉廷决定与匈奴打一场消耗战，这种消耗战对过着游牧生活的匈奴人来说是极其危险和残酷的。

为了再次夺取河南地，匈奴从元朔三年到元朔四年（前 126—前 125），对代郡、雁门、定襄、上郡等地边境不断入侵。元朔五年（前 124），匈奴右贤王又多次直接进兵朔方城。汉武帝为了保护朔方城战果，发兵 10 万，再次出击匈奴，这就是漠南战役。

卫青

汉武帝这次又采用了新的策略，首先派李息、张次公出右北平，牵制匈奴单于一部，使其不能脱身；其次派卫青带精骑 3

万出高阙；最后，派苏建、李沮、公孙贺、李蔡均出朔方城，直击右贤王部。

虽然右贤王已得知汉军出塞的消息，但他认为朔方城离本部很远，并没有着急设防。卫青正是利用右贤王轻敌的心理，带着精骑狂奔一天一夜，趁着夜色包围了右贤王王庭，匈奴兵始料不及，被汉军一举歼灭。除了右贤王带着一名爱妾和几百亲兵拼死突围而去外，卫青部共杀敌 1.5 万人，俘获大批匈奴贵族、辎重和牛羊。卫青此战大获全胜，汉武帝特派使者赶赴战场封他为大将军，并授权其统率前线诸军。

匈奴吃了大败仗很是不甘心，单于于同年秋派骑兵 1 万入侵代郡，杀死都尉，掳走 1000 多人。汉武帝遂决定提前与匈奴主力决战。元朔六年（前 123），大将军卫青率领 10 万大军出定襄，寻找匈奴单于主力，武帝特命卫青的侄子——霍去病一同前往。霍去病年少有为，第一次作战就带领 800 骑兵深入匈奴数百里，突袭匈奴后方；随后他又一举击溃了匈奴一个临时指挥部。此战霍去病斩获匈奴兵 2000 多名，杀死单于祖父辈贵族藉若侯产，俘虏单于的重臣和叔父多人。

但整个战局对汉朝来说却并不乐观：卫青手下 6 位老将的表现都不尽人意，除其中 4 位未遇到匈奴兵外，前将军赵信投降匈奴，右将军苏建弃军逃跑，这一来愈显得霍去病少年战绩辉煌。武帝为表彰其初战而勇

霍去病雕塑

冠三军的功绩，特封其为“冠军侯”。

慑于汉军的威力，匈奴单于在降将赵信的建议下将主力和大部分民畜转移至大漠以北，漠南战役以双方进入对峙状态而结束（参见秦俊著：《汉武大帝》，北方文艺出版社 2005 年版）。

收复河南地，尤其漠南之战的战果不足以让汉武帝满意，他的目的是通西域，所以不久后他又发动了河西战役，以期打通通往西域的要塞，控制河西地，扼制匈奴在西域的势力。

元狩二年（前 121）春，骠骑将军霍去病领命出陇西北伐匈奴。两军在皋兰山下大战，汉军虽死伤 7000 多人，但歼敌 8000 有余，缴获了休屠王祭天金人，大获全胜。同年秋，霍去病与合骑侯公孙敖出兵北地。东线由李广率领 4000 骑兵牵制左贤王 4 万之众，损失惨重。而公孙敖因迷失方向，霍去病只得独自率精骑深入匈奴 2000 里地，匈奴兵竟被斩杀 3 万多人，匈奴单桓王等率残部 2500 多人投降，其余王子、贵族等均被俘。汉军虽然伤亡 3/10，但这一战使得匈奴势力土崩瓦解，后来浑邪王杀了休屠王也率部投降，前后共招降匈奴 4 万多人，可以说汉军取得了决定性的胜利（参见姜正成主编：《武皇开边：漠北之战》，中国财富出版社 2015 年版）。

河西之战后，匈奴单于控制的中部地区和左贤王部仍有很强的势力。元狩三年（前 120），匈奴兵又卷土重来袭击右北平、定襄二郡，抢夺民众 1000 余人，安置于大漠深处，这种做法的目的就是诱敌深入。

元狩四年（前 119）夏，汉武帝决定将战争打到漠北去，以彻底消除匈奴的威胁。为了确保战役的顺利进行，汉廷做了空前的准备工作。所谓“兵马未动粮草先行”，汉廷向全国征发物资，单负责辎重运输的步兵就有几十万人，同时向民间招募马匹 4 万匹。大将军卫青、骠骑将军霍去病各率 5 万精骑，分别出定襄、代郡，同时出击匈奴。降将赵信向匈奴伊稚斜单于建议将精骑主力驻于漠北，将妇孺老弱迁于北部，保留实力，以便于决战中取胜。一场准备都很充裕的、规模最为盛大的，也是最关键的匈汉战争将要拉开帷幕。

卫青命李广、赵食两部合并，从东侧牵制敌军，自己和公孙敖率精骑从正面进攻。李广不服从指派，但卫青仍坚持分兵战术。李广愤而离去，私自带领一队人马向漠北出发，但没多久便迷失了方向，没有按时到达集合地点。

卫青部在出塞500公里后就与匈奴主力相遇，由于双方均有充足的准备，在激战了一天后，尸横遍野，血流成河，仍然不能分出胜负。傍晚时分，沙漠狂风骤起，士兵都看不见对方，卫青趁此时号令汉军兵分两翼包围单于部。伊稚斜单于见双方势均力敌，便趁着风急天暗突围而去。直到深夜，汉军才发觉匈奴单于已经逃脱，卫青急令轻骑追赶，可惜追出100公里也没有追上。这场战役，由于汉军兵力分散，没有歼灭匈奴单于，最后杀敌、俘虏不到2万人，以两败俱伤告终。

霍去病出代郡后，直击匈奴左贤王。霍去病的军中不设副将，全军都是由他亲自挑选的剽悍勇猛之士组成，指挥权高度集中。他带领这支精干的军队深入匈奴1000公里，在漠北发现了左贤王的主力军。同样也是一场血战，霍去病部取得了绝对的胜利，斩获匈奴7万余人，全数俘获左贤王部亲信、大臣及匈奴贵族。霍去病封狼居胥山，禅姑衍山，兵临翰海后返朝。

漠北之战,汉军最终取得了胜利。卫青部将帅失和,致使单于逃脱，李广羞愧自杀，赵食被下狱；霍去病部战绩辉煌，武帝封霍去病 5800 户，各部将也受封侯爵。之后武帝又设大司马，由卫青、霍去病 2 人同任，以显荣宠。

漠北大决战的代价虽然很大，但是它的意义更大。它结束了 100 多年匈奴肆意践踏汉朝国土、臣民处于被动受欺凌的局面，使得匈奴向漠北更远的北方迁徙，汉廷重新占据了朔方以西直至张掖、居延泽之间的大片土地，为通西域打开了大门。而此后，匈奴将掠夺对象转向了西域，在相当长的一段时间内都无力对抗汉廷。至此,汉建国以来最大的威胁势力已基本消灭(参见姜正成主编 :《武皇开边 : 漠北之战》，中国财富出版社 2015 年版)。

4. 目光投向西域

随着匈奴日渐衰落，汉武帝为了根除匈奴带来的威胁，决定西联西域，以断匈奴右臂，并将中西商路完全打开。此方针是汉武帝军事外交政策和经济政策的进一步发展，而这个方针又是桑弘羊为武帝策划的。

西汉时期的西域，是指玉门关(今甘肃敦煌西北)、阳关(今甘肃敦煌西南)至葱岭之间的广大地区。以后，人们将西域的范围逐渐扩大，连葱岭以西的中亚地区也涵盖在内了。汉武帝时期，在西域大戈壁大大小小傍河而生的绿洲和天山南北的牧场上，分布着众多少数民族建立的以国为名的政权，共36个。至西汉末的哀、平帝时期，又分裂为55国。它们之中，最大的国家有60万人以上，最小的只有一二百人，相当于中原地区的一个小村落。其中乌孙、大宛、大月氏、康居、龟兹、鄯善、于阗、沙车、疏勒、焉耆、车师等是人口较多、影响较大的国家。西域诸国以农业、畜牧业为生，由于各自为政，互不统属，形不成统一的力量，所以很快被匈奴控制。匈奴西边日逐王在西域设僮仆都尉进行统治，对各国百姓施以沉重剥削。西域各国虽对匈奴的控制不满，但也无力摆脱。“西域诸国，各有君长,兵众分弱,无所统一,虽属匈奴,不相亲附”(《汉书》)。从西汉建国至汉武帝之时,汉朝的势力仅至临洮。匈奴不仅控制了河西走廊，而且控制了整个西域，从西北方向对汉朝形成巨大威胁。汉武帝及其臣子们认识到，要取得对匈奴战争的胜利，就必须夺回河西走廊并使“匈奴右臂”西域脱离匈奴的控制。由此，引出了霍去病指挥汉军在祁连山麓驱逐匈奴出河西走廊的鏖战和张骞通西域的伟大壮举（参见申哲编著：《出使西域第一人：张骞》，吉林人民出版社2011年版）。

汉武帝即位不久，即从匈奴降者那里得知西域的大月氏与匈奴有仇恨，因为当年匈奴攻破月氏时，杀了月氏王。后来，月氏大部分辗转西迁至大夏故地，称“大月氏”,小部分留居塞王故地（今新疆伊犁附近），称“小月氏”。武帝欲通使联络大月氏，因此必须通过匈奴控制的河西走廊，路途横亘着太多艰险，就公开招募敢于冒险的智勇之士前往。汉中人张骞此时正在汉宫廷做郎官，他欣然应募，成为通西域的主角（参见申哲编著 :《出使西域第一人 : 张骞》，吉林人民出版社 2011 年版）。

张骞被选中后，于建元二年（前 139），找到一位名叫“甘父”的胡人做向导，带着武帝的重托，开始了他艰难而神圣的旅程。当他们途经陇西之地，打算穿过匈奴领地前往大月氏时，却被匈奴人发现，被全部扣押。这一下张骞扣在匈奴十多年，让他娶了匈奴的女子为妻，并生养了儿子，但他仍然“持汉节不失”(《汉书 · 张骞李广利传》)。张骞虽然被扣，但他的报国之志始终没有泯灭，在羁留匈奴十多年后的一个夜晚，他与随从才寻机逃脱，经大宛，过康居，终于到达了大月氏。毕竟是时过境迁，经过十几年的时间现实已发生了很大的变化，原来与匈奴结仇的大月氏王，在战斗中被匈奴杀害，他的夫人被立为王后。这时的大月氏保疆守土，生活富饶，民生康乐，已经打消了报复匈奴的想法了。张骞在大月氏无所作为，于是又从大月氏到达大夏，在大夏国居住一年后，想通过羌中道路返回长安，结果走到半路，再次被匈奴捕获。又过了一年时间，匈奴单于病死，国内发生了动乱，张骞才携带胡妻趁乱逃出匈奴，回到了朝思暮想的京城长安。这一年已是武帝元朔三年（前 126）。

汉武帝见销声匿迹十多年的张骞忽然回来，喜出望外，立即封他为太中大夫。武帝高兴的不仅是张骞历经磨难而不辱使命，更重要的是他足迹已走遍大宛、康居、大月氏、大夏诸国，了解到西部世界的真实情况，掌握了大量的有关资讯，这对汉廷的军事与外交的功用与贡献是不可估量的。比如张骞在大夏看到邛（qióng）竹杖、蜀布，知道了大夏之外的身毒、安息诸国，特别是它们与中国西南部的贸易交往，极大地刺激了武帝开发大西南的决心。同时，由于张骞困居匈奴年久，熟悉其道路及地方物产，他回国时正值汉匈战争激烈，所以又受武帝之命随大将军卫青征伐匈奴，这次战事大获全胜，张骞功不可没，结果受封博望侯。

在打通河西走廊后，武帝于元狩四年（前 119）再次派遣张骞出使乌孙国，以联络乌孙等国共同抗击匈奴，这也是张骞第二次出使西域。

这次张骞奉命率随员 300 余人，携牛羊 1 万头，钱币、绢帛数千万，出河西走廊，向西域进发。当张骞到乌孙后，乌孙国王正欲将王位让给长孙，而他的次子起兵相攻，国内动乱，加上乌孙素来畏惧匈奴，以致张骞代表汉廷结盟的目的未能达到。不过乌孙国也不敢怠慢汉使，国王派了专使携带几十匹良马贡献给汉主，以表达与汉人和睦友好的诚意，汉王朝也从此与乌孙国建立了正式关系（详见《汉书·西域传》）。在乌孙期间，张骞又派遣他的副使分赴大宛、康居、大月氏、大夏诸国，不仅更多地了解到诸国的风土人情、物产民俗，还使西域各国得以“窥汉，知其广大”（《汉书·张骞李广利传》），使大汉的声威得以宣扬于西域广大地区。

张骞出使乌孙，历时4载，回国后拜为大行。一年后，张骞病逝，其副使仍继承他的事业，并与诸国使节一同回到长安，开始了100余年的和平交往。自此以后，中西交通线正式开通，汉代政府与西域及中亚、西亚以至欧洲的外交关系迅速发展，使者往来、商业贸易非常频繁。东汉学者班固在《西都赋》中写当时外国使臣来长安，贡物多多，称“乃有九真之麟，大宛之马，黄支之犀，条支之鸟。逾昆仑，越巨海，殊方异类，至于三万里”，可谓友好交往的真实写照（参见许结著：《中国思想家评传简明读本：汉武帝》，南京大学出版社2008年版）。

张骞出使西域，是一次艰苦卓绝的破冰之旅。他被困匈奴后，得以生还，除了为国建立功业的坚强信念、坚忍不拔的毅力之外，还得益于他“宽大信人”（《汉书·张骞传》）的品格，得到了各少数民族的信任与喜爱，因而能多次获得他们的帮助。即使是与汉朝为敌的匈奴，也视他为不可多得的人才，没有危及他的生命。同时，张骞还有一个忠实而能干的助手堂邑父。作为一个匈奴人，他重使命超过自己的生命，紧紧追随张骞，患难与共，生死与共，在缺衣少食的最困难日子里，他以精湛的射术猎取野兽，从而使 2 人多次熬过了濒临死亡的时刻，2 人都是成功的英雄。张骞凿通西域后，中国与中亚、南亚的官方往来和民间贸易不断增强，一座中西经济、文化交流的桥梁第一次架设起来（参见申哲编著：《出使西域第一人：张骞》，吉林人民出版社 2011 年版）。

自张骞第二次出使后，车师和楼兰两国却在匈奴的指使下成为西汉与西域相联系的一道障碍。由于这两国分别处于北道（去乌孙、大宛、康居）和南道（去大月氏、安息）东西往来的交通线上，汉使去西域，一年中多至 10 余次，这两国首当其冲。这两国却常为匈奴当耳目提供情报，匈奴更策动它们以“兵遮汉使”，有时还教唆它们“攻劫汉使”。在这种情况下，汉武帝不得不调整政策，决定以武力开通西域。

武帝用兵西域是从元封三年（前 108）开始的。汉武帝派大将赵破奴与多次充任汉朝使者的王恢，率数万军队和少数民族兵组成的“属国骑”进攻听命于匈奴的楼兰和车师，经过奋战，最终俘虏了楼兰王，“因暴兵威以动乌孙大宛之属”，西域各国无不震慑。后来乌孙斩杀西汉来使，汉武帝两次派大军西征大宛，这一示威性的行动促成了乌孙脱离匈奴，与汉联合的结局。乌孙鉴于汉帝国的强大，主动请求与汉朝和亲。元封六年（前 105），乌孙献汉朝良马 1000 匹，汉朝则将江都王刘建之女细君嫁于乌孙王昆莫为右夫人，后来又嫁给昆莫的孙子岑陬为妻。细君死后，汉朝又将楚王刘戊之女解忧嫁于岑陬，岑陬死后，解忧再嫁继位的岑陬叔父之子翁归靡。这两位汉家女儿及其生育的子女，都为巩固汉朝与西域各族的友好关系做出了不可低估的贡献（参见童马著：《西汉才女细君公主》，新疆青少年出版社 2006 年版）。

5. 终断匈奴“右臂”

西汉同葱岭以西诸国关系的发展道路也并非完全平坦。“西北外国使，更来更去。宛以西，皆自以远，尚骄恣晏然，未可诎以礼，羁縻而使也。”（《史记》卷一百二十三《大宛列传》第六十三）这些国家虽与汉通使，但匈奴对它们的影响还很大。“康居东羁事匈奴”（为匈奴所羁牵），大宛奄蔡亦“皆役属匈奴”。史载：“自乌孙以西至安息，以近匈奴。”匈奴拉拢控制它们来“困月氏”。“匈奴使持单于一信，则国国传送食，不敢留苦；及至汉使，非出币帛不得食，不市（购）畜不得骑用。”之所以出现这种情况，就是因为汉朝遥远，“而汉多财物，故必市乃得所欲”。他们对匈奴是畏怕，对汉只是想得经济上的好处而已（《史记·大宛传》《汉书·西域传》）。匈奴还勾结危须以西大宛等国戕害汉朝的官吏，扣留和阻杀从大月氏、身毒等国到汉朝来的使节，“隔东西道”（《汉书·李广利传》）。

汉武帝明白，要真正断匈奴右臂，不仅须注意葱岭以东诸国，还得注意葱岭以西诸国，抵消匈奴在这些地方的势力的影响，进而增强汉在西域的威望。由此，才发生了太初年间用兵大宛这一事件，其导火线在大宛良马的问题上。

大宛（今费尔干纳盆地）产善马。张骞通西域后，宛马大量输入汉国，称为“汗血马”“天马”，天马嗜食苜蓿，及“天马多，外国（大宛）使来众，则离宫别观旁尽种苜蓿（还种葡萄），极望”。在当时同匈奴的骑兵作战中，马是“甲兵之本”，为了加强作战力量，汉武帝曾采取多种办法鼓励民间养马（马价提得很高），但数量远远不够。与大宛的贸易主要就是要它的好马，拿回来做良种繁殖，这是国防上的急切需要。可是大宛留了一手，给西汉的马并不是最好的，他们将在贰师城的善马中的好马——“宝马”“匿不肯与汉使”，因大宛自己数量也不多。汉使报告武帝，武帝很想得到这种宝马的马种。

太初元年（前 104），汉武帝派人持 1000 金及金马到大宛去“请”种马，双方在语言中起了冲突。大宛王便勾结其东邻郁成王截杀了归途中的汉使。武帝大怒，决定用兵，于当年秋后拜李广利为贰师将军，出征大宛、郁成。在匈奴的指使下，当道各小国“各坚城守，不肯给食”。李广利到郁成时就只剩了饥疲之卒数千人，被郁成大破，杀伤甚众（参见柏杨编著：《汗血马战争》，吉林文史出版社 2000 年版）。

太初三年（前 102），见难而退的李广利率残兵东还，行至敦煌，上书“愿且罢兵”。武帝派人封锁了玉门，下令说：“军有敢入者辄斩之！”这时“公卿及议者”纷纷进言，劝武帝打退堂鼓。武帝认为：“宛小国而不能下，则大夏之属轻汉，而宛善马绝不来，乌孙、仑头（轮台）易（轻）苦汉使矣，为外国笑。”（《史记·大宛列传》）这个结不解开，就不能使西域诸国去匈奴而归汉，“复图匈奴”，雪平城之耻的愿望最终就不能得遂，中外通商之事也就不能顺利进行下去。

于是，武帝就把竭力阻挠出兵西域的人治了罪，下令“赦囚徒”，准备了一年多，动员了 6 万人再出敦煌。这次出师人员众多，匈奴不敢阻拦，于是大宛只得派人与汉军谈判议和，汉军征服大宛。太初四年（前101）春，李广利班师回京。衡量得失，武帝的这一决策对于实现“断匈奴右臂”的计策是起了重大作用的。能否处理好大宛的问题，确实是关系到西联西域方针能否贯彻下去的一个关键（参见姜正成主编：《武皇开边：漠北之战》，中国财富出版社 2015 年版）。

在碰到困难和挫折、朝臣们表现动摇的时候，只有桑弘羊等少数人的意志是坚定不移的。他日后追述这段往事时说：“初，贰师不克宛而还也，议者欲使人主不遂忿，则西域皆瓦解而附于胡（匈奴），胡得众国而益强。”这样中原就要再受到匈奴的军事威胁，中西通商也就不能顺利进行。他赞扬了武帝“绝奇听，行武威，还袭宛”的决断，指出这次胜利的结果是“乌孙之属骇胆，请为臣妾。匈奴失魄，奔走遁逃，虽未尽服，远处寒苦墝埆之地”（《盐铁论·西域》）。桑弘羊同汉武帝的主意完全一致，他也是决然主张把西联西域方针坚持贯彻到底的人。本来这一方针就是他为武帝谋划的，他的坚持正表明了他不怕困难的气魄和争取胜利的决心。汉军西行的一切粮食、军械、马匹都由桑弘羊所管的大农筹集，这也为军事行动的胜利准备了必要的物质条件。

汉武帝以武力为后盾，将战争和外交手段相结合，经过 50 年的努力，终于使汉朝的势力深入西域，不仅“断匈奴右臂”，使西域诸国摆脱了匈奴的奴役，稳定了汉帝国的西北边陲，而且开辟了一条中西经济、文化交流的大道。中国先进的冶铁技术、纺织技术和其他农业生产技术传入西域，促进了西域生产力水平的提高，西域的葡萄、苜蓿、胡桃、石榴、胡萝卜、大蒜、西瓜、芝麻以及汗血马、驴、骆驼等输入中原，大大丰富了中原各族人民的物质生活。中国的丝绸在传入西域后又经中亚传到了欧洲，这条中西交流的通道也就被西方人命名为“丝绸之路”。千百年来,响彻大漠的驼铃声，奏响的是中西经济、文化交流的友谊之歌。

随着西域的平定，西汉政府在西域建立了一条防御线和交通线：东起敦煌，西至盐泽（蒲昌海，今罗布泊），沿途都有亭燧的设置，支持来往使者和商队，并供给食宿。在仑头（轮台），有数百人屯田，专门设立了使者校尉，统领保护商路和屯田之事，收贮粮食，以供应出使西域的人。汉武帝“断匈奴右臂”、通中西商路的目的初步达到了。

“志大者遗小，用权者离俗”(《盐铁论·复古》)，在使西域摆脱匈奴的影响，最大限度地孤立削弱匈奴，在保卫中西之间的商路，密切与西域的关系这些关键性的战略决策上，桑弘羊都表现出他的远大眼光，在军事、外交方面他的见解也高出群臣一等。而在经济方面，桑弘羊和他的同僚新设计的酒类专卖，正在相

汉长城边墙及烽燧遗址

当程度上以财力支持了西联西域、北制匈奴的方针继续贯彻下去。正如桑弘羊后来在盐铁会议上所说的“今子弟劳于外，人主为之夙夜不宁……故请建酒榷，以赡边”(《盐铁论·忧边》)，善于“心计”的理财家，就是在列亭至盐泽，屯田至仑头的情况下，又提供了佐国用、助边费的新办法。“张骞通西域”如果没有桑弘羊继续在各个方面的努力是不可能有重大发展和卓著的成效的。

要使西联西域、北制匈奴的战略方针持久地贯彻下去，不能总兴师动众。因为西汉的大军一日引还，匈奴的骑兵就来填补真空，有的西域诸国就会倒戈相向，又去跟着匈奴的指挥棒转。应付这样反复多变的局面，凭借西域牵制匈奴，必须有一个长远的计划：在西域重要的战略据点建立一些军事根据地。这样，才能真正达到居"便势之地"以候匈奴之变的要求。

但要保证驻地军队的给养，又不能总是征购西域诸族的粮食、牛羊供作"廪给"，这会加重当地人的负担，引起他们的不满。只有实行屯田，亦农亦兵，平时耕种，自给自足，一旦有警即投入战斗才是上策。主管军粮的搜粟都尉桑弘羊清醒地看到屯田自给的重要性，觉得前一段时间在西域之地（轮台、渠犁）虽然搞了些屯田，但规模还太小（几百人），只能"给使外国者"，不足以供应驻军，应该好好地扩大、延伸。征和三年（前90），汉军破了那个经常遮道的车师后，取得了通往北道的钥匙。桑弘羊认为应该马上巩固胜利成果，在附近驻军屯田，往东以控制这个匈奴势在必争的车师，往西则可以稳步地向前发展。

就在下一年，即征和四年（前89），桑弘羊同丞相、御史大夫联名，正式向武帝提出进一步在轮台扩大屯田的建议。他说："故轮台以东，捷枝、渠犁皆故国，地广，饶水草，有溉田五千顷以上。处温和，田美，可益通沟渠。种五谷，与中国同时熟。其旁国少锥刀(铁器)，贵黄金采缯，可以易谷食（以锥刀、黄金、采缯与此旁国换购粮食），宜给足不可乏（可给田卒，不忧乏粮）。臣愚以为可屯遣田卒诣故轮台以东，置校尉三人分护（捷枝、渠犁、轮台），各举图地形，通利沟渠，务使以时益（多）种五谷。张掖、酒泉遣骑假司马（假，摄事之意）为斥候，属校尉，事有便宜，因骑置以闻（骑置即驿马）。田一岁，有积谷，募民壮健有累重（妻子家属）敢徙者诣田所，就畜积为本业，益垦溉田……”（《汉书·西域传》）这就是历史上有名的轮台屯田之议（桑弘羊的遗文传于世的，只此一篇，故具录原文）。桑弘羊运用河西屯田的经验，打算在西域也推广军屯与民屯相结合的做法，设想很具体。轮台处于塔里木盆地的中心，在车师西 5000 余公里，是中西通商（北道）必经之地；轮台以东和东北不多远的焉耆、危须、尉犁一带也就是当时匈奴“僮仆都尉”经常出没的地方。向东可以对付匈奴；向西则可支持与汉和亲的乌孙。有了这个据点，可实现将匈奴隔绝于西域之外的计划。对西汉政府来说，从长远着眼，桑弘羊的计划在政治上、经济上、军事上，都具有重大的意义，是他西联西域、北制匈奴的战略思想的最高体现。

可是一向对桑弘羊言听计从的汉武帝，这一回独独没有采纳桑弘羊的建议。桑弘羊的轮台屯田计划在当时虽限于条件被搁置起来，但这个建议本身从根本上说，对西汉政权的巩固与发展是有利的，所以仅仅 12 年以后——元凤四年（前 77），昭帝和霍光终究采用了在 3 年前（前 80）被杀害的桑弘羊的建议，任命杆（音乌）弥太子赖丹为校尉，率军屯田轮台。到宣帝地节二年（前 68），郑吉又在渠犁屯田（用免刑罪人），欲图车师。后来，郑吉降服了匈奴右部的头领日逐王（日逐王是管僮仆都尉的），日逐王来降，其事是在宣帝神爵二年，即公元前 60 年，平定了车师，任西域 36 国都护，并护车师以西北道，代表中央政府行使主权。当时巴尔喀什湖以南的乌孙、大宛，帕米尔地区的无雷等都属都护管辖（当地各民族首领，上自王侯下至城长都由汉政府发给印信）。事情之所以能够比较顺利地发展，让郑吉能够在远征中节节取得胜利，就是因为有屯田校尉的积谷给大军做给养，收到了指臂相助的功效，这也是武帝时的“备饬素修”所致。从此“匈奴益弱，不得近西域”了，僮仆都尉就“寿终正寝”了，桑弘羊的遗谋最后得到了实现（参见王书熙编著：《汉武帝刘彻传》，河北人民出版社 2016 年版）。

三、开疆扩土，实现大一统

1. 开拓闽越、南越

通往西域的道路上烟尘滚滚、马蹄声不绝的同时，雄才大略的汉武帝也在瞻望汉帝国的东南、南方和西南。他发动对闽越、南越和西南地区的战争，开拓包括祖国的东南、西南地区在内的广大南部疆域，保卫了边境的安全，也奠定了祖国地大物博的基础。

闽越（今浙江、福建一带）原来是由闽越王驺无诸和东海王驺摇统治的地区，两人都是越王勾践的后代。秦始皇统一中国后，两人都被废为郡长，他们统治的地区设置为闽中郡（今福建和浙江宁海及其以南）。秦末天下大乱，驺无诸和驺摇都参加了反秦斗争，报灭国之仇。刘邦建立汉朝后，封驺无诸为闽越王，统治闽中郡故地，都城东冶（今福建闽侯）。汉惠帝时，封驺摇为东海王，都城在东瓯（今浙江永嘉），俗称“东瓯王”。但他们都不受汉朝直接统治，是汉朝的藩属。汉景帝三年（前 154），吴、楚 7 国叛乱，东瓯参与其事，后来受汉朝政府拉拢，又杀了吴王刘濞。刘濞的儿子刘子驹逃到闽越，为报父仇，常劝闽越攻击东瓯。武帝建元三年（前 138），闽越在刘子驹怂恿下，发兵攻打东瓯。东瓯被围困，粮尽矢绝，连忙派人向汉武帝求援。当时，武帝初即位，才 18 岁，没有统治经验，对是否出兵没有把握。问太尉田蚡，田蚡说：“越人自相攻击，又反复无常，不必烦劳我们出兵。”但是有个刚刚以出“贤良对策”选拔上来的会稽人严助站出来讲话。严助能言善辩，武帝用他在身边做中大夫的官，曾多次驳倒众大臣。他说：“小国由于危急来求告天子，天子不去援救，他们到哪里去求救？小国有难不救，天子又怎能统治万国呢？”这番话打动了虽然年轻但志向高远的汉武帝，他说：“朕不听太尉的。应当派兵相救！”他派严助带符节征发会稽郡（今江苏长江以南、茅山山脉以东，浙江省大部及福建全省）的军队出征。会稽太守看不起严助，拒绝发兵，严助斩了一个管军队的司马，征集了军队，从海路救援东瓯。消息传来，闽越兵吓得连忙撤退。东瓯王为了避免闽越再来攻击，请求武帝允许他率领全国人民迁居江淮（今安徽庐江一带）之间。武帝同意了东瓯王的请求。

建元六年（前135），闽越王驺郢发兵攻击南越（今广东、广西、越南北部）。南越向汉朝求援，武帝派王恢、韩安国率领军队讨伐闽越。闽越王的弟弟余善和丞相、宗族商议，说："汉兵多而且强，硬打最后只会亡国。我看不如杀大王以谢汉朝。如果成功，举国安全；不成功，再打不迟；如打不赢，就逃到海里去。"丞相和宗族都同意他的意见。经过一番策划，他们砍下驺郢的脑袋，献给汉将王恢，王恢派人把驺郢的头用快马送到长安。武帝下诏罢兵，封前闽越王的孙子驺丑为越繇王，又封余善为东越王，由两人共同统治这个地区。

余善封王后，对汉朝天子不大恭顺。元鼎六年（前111）秋，他发兵抗拒汉朝，派兵封锁要道，封将军为"吞汉将军"，又杀掉汉朝3名校尉。汉武帝大怒，派张成、刘齿讨伐余善。从长安到东越，交通险阻，两人都不敢出击，武帝下令以"畏懦"罪诛杀两人。不久，武帝又听说余善擅自刻制了一枚"武帝"的玉玺，这更触犯了他的尊严。于是立刻派韩锐、杨仆等人率领四路人马，于元封元年（前110）冬，由海、陆两路攻入东越。大军压境，东越政权内部大乱，大臣们谋杀了余善，投降汉朝。

闽越几经反复，最后投降了汉朝。可是，汉武帝还是放心不下。他说（大意）：“东越一带道路阻狭，闽越人又生性强悍，多次反复。”为了加强对闽越人的控制，他下诏将当地百姓全部迁移到江淮之间居住。因此，长期以来，闽越一带地广人稀，直到隋唐以后才重新开发。

汉武帝用兵闽越后，又想把南越直接收归汉朝统治。他产生这个想法既有历史原因，也有现实需要。

南越本来是秦朝的南海（今广东）、桂林（今广西）、象（今越南北部）3 郡之地。秦二世在位时，龙川（今广东龙川）令真定（今河北正定）人赵佗，继任为南海郡尉。前任郡尉任嚣临死前对他说（大意）：“中国正在大乱，豪杰并立。南海地方僻远，负山濒海，东西几千里，可以立国称雄。”秦朝灭亡后，赵佗就兼并桂林郡和象郡，自立为南越武王。汉朝建立后，赵佗又自称“南武帝”。汉高祖、文帝时，陆贾两次出使南越。第二次出使南越时，汉文帝写信给赵佗，晓以大义，赵佗大为感动，说（大意）：“老夫处南越 49 年，今天已经抱孙子了，但是，我夙兴夜寐，睡不好，吃不好，就是因为不能臣事汉朝。今天皇帝陛下怜悯我，老夫不敢再用皇帝称号了！”他很快便向汉朝称臣纳贡。建元六年（前 135），闽越发兵攻南越，南越王赵胡给汉武帝上书，说（大意）：“今闽越兴兵侵臣，臣不能发兵抗击，唯天子诏命是从。”武帝觉得南越很像个藩臣的样子，就发兵讨伐闽越。不久，闽越王被余善杀死，闽越对南越的威胁解除了，汉军才罢兵。由于南越和中国的这段历史关系和现实情况，武帝很想把南越直接置于汉朝统治之下（参见商炜著：《雄才大略汉武帝》，河北人民出版社 2001 年版）。

就在这一年，汉武帝派严助出使南越，向南越王赵胡表示了汉朝的意思。赵胡叫太子婴齐和严助一起回到长安，进宫入侍武帝，以表示自己的忠心。赵佗的五世孙赵兴继位后，王太后和年幼的赵兴都愿意直接接受汉朝统治。由于时机成熟，武帝在元鼎四年（前 113）派霸陵人安国（姓）少季（名）等人出使南越，想最后解决南越归汉的问题。

南越文帝赵胡（墓中发现其真名为赵眛）壁画像

想不到意外的事发生了。汉武帝派去的使

者安国少季和南越太后摎氏年轻时在长安是情人。后来摎氏嫁给南越王婴齐，成为南越的王后。这次安国少季出使南越，和太后重逢，两人又暗通私情。这件事很快传遍全国，弄得太后声名狼藉。丞相吕嘉趁此机会兴风作浪，反对南越入归汉朝。太后迫切希望归顺汉朝，以解除困境。武帝得知情由后，也同意了太后的请求，叫她和赵兴打点行装，准备入朝。

丞相吕嘉竭力反对。他先后做过南越3代国王的丞相，吕氏宗族70多人都是南越官吏，吕嘉的儿子娶了公主做妻子，女儿嫁给南越王的宗室子弟。这一切，使吕嘉成为权倾朝野的人物。他曾多次上书武帝，反对南越归顺汉朝。汉朝使节多次出使南越，他都托病不见，汉朝使节也注意到了吕嘉怀有异心。太后和南越国王很想借汉朝使节安国少季的权力，杀掉吕嘉等人。一次，在事先策划好的宴会上，太后问吕嘉："南越若归附汉朝，对国家有大利，相国总说不好，什么道理？！"太后的意图是激怒安国少季凭持符节杀掉吕嘉。不料安国少季在这个关键时刻却软弱无能，不敢行动。吕嘉见形势不利，急离宫廷。太后大怒，用长矛冲刺吕嘉，被赵兴阻止。吕嘉逃出，装病不出。南越回归的事被搁置了。

汉武帝得到消息，大骂安国少季无能，又派济北相韩千秋和南越王太后的弟弟摎乐带领2000人讨伐吕嘉。吕嘉听说汉兵到来，干脆造起反来，把太后、赵兴和安国少季都杀掉了。韩千秋率领的军队也被吕嘉领兵打败。吕嘉还把汉使持的节杖摔出边境，写了一封大骂汉朝的信。武帝气得暴跳如雷，发誓要攻下南越。

元鼎六年（前111）冬，按照汉武帝的命令，伏波将军路博德和楼船将军杨仆，率领汉朝大军，分几路讨伐吕嘉。汉军跋山涉水，乘风破浪，千里迢迢到达南方卑湿之地，攻破了南越都城番禺（今广州）。吕嘉率几百人逃入大海岛上。路博德从投降的南越人处得知吕嘉隐匿的地方，派兵一举把他活捉了。从赵佗开始，经5世，共93年的南越政权，至此灭亡。武帝把南越地分置为儋耳、珠崖、南海、合浦、苍梧、郁林、交趾、九真、日南9郡（参见刘修明著:《雄才大略的汉武帝》，上海人民出版社1984年版）。

2. 修好夜郎，开拓西南

汉武帝是以“大一统”为已任的，董仲舒阐发的《春秋》“大一统”的思想已成为他的重要指导思想。他有这样的雄心，要建立一个历史上从未有过的、疆域广大的封建大一统帝国。时代也赋予他创建这个大帝国的条件。当他的眼光注视着祖国东南边疆的时候，同

董仲舒

时也把目光转向大西南，想把这个广大的地区收入汉朝的版图。

西南地区指今天云南、贵州和四川南部一带。这一地区有几十个“君长”（氏族和部落首领）进行统治，汉朝统称为“西南夷”。南部的部落以夜郎（今贵州西部及北部，包括云南东北及四川南部部分地区）为最大，西部的部落以滇（今云南东部滇池附近地区）为最大，滇北的部落以邛（今四川西昌一带）为最大。这一带的人民以濮族人为主，主要从事农业生产。再往西为巂（今云南云龙西南）、昆明（今云南大理一带），人民属羌族，以游牧为生。巂东北的部落，有徙（今四川天全一带）、筰（zuó，今四川汉源一带）、冉駹（今四川茂县一带）、白马（今甘肃成县一带）等，主要是氐族或羌族，生活依靠或农或牧。西南这一带地区在战国以前和中国内部是隔绝的（参见刘修明著：《雄才大略的汉武帝》，上海人民出版社 1984 年版）。

建元六年（前 135），汉武帝即皇帝位不久，派王恢进击闽越。途中，王恢派番阳（今江西鄱阳）令唐蒙去南越。南越人热情招待汉使，特别准备了汉朝的家乡菜——蜀地出产的枸酱款待唐蒙。枸酱是用枸木的树叶制成的酱，味道鲜美，巴蜀人很喜欢这种珍味。唐蒙吃到枸酱，问道："此酱从何处来？"答曰："是从西北的牂牁江（今北盘江上游）运来的。"唐蒙回到长安，问蜀地的商人，商人回答说："枸酱只有蜀地出产，大多卖到夜郎国。夜郎临近牂牁江，南越的枸酱就是从夜郎运去的。"这件事给了唐蒙很大启发：从蜀地到夜郎和南越有一条便捷的通道，可是汉朝政府还不知道。唐蒙立即给武帝上书，建议说"迅速联系夜郎，利用它的几十万军队，顺牂牁江而下，必可制服南越。"这个建议正中武帝的心意，武帝就拜唐蒙为中郎将，率领汉军1000人，辎重、珍宝无数，从巴蜀的筰关出发，抵达夜郎，见到夜郎的国王多同。夜郎国王由于消息闭塞，还不知道汉朝是怎样一个国家，一直以为夜郎是世界上最大的国家。他在接见唐蒙时问："汉朝和我夜郎，究竟哪个大啊？"唐蒙忍住笑，把大量的珍宝，缯帛赠送给多同，又把汉朝的万里疆域和富饶的物产详详细细讲给多同听，多同这才恍然大悟，拍了一下脑袋说："我一直以为是夜郎国最大呢！"由于唐蒙的外交才能，夜郎情愿臣事汉朝。夜郎附近的小部落，看到汉朝赠送的美丽丝绸，赞赏不已，也纷纷归附汉朝。武帝闻讯大喜，便下令在这一带设置犍为郡（今四川简阳和新津以南，大足、合江、贵州绥阳以西，岷江、大渡河、金沙江下游以东，云南会泽、贵州水城、金沙以北地区，治所在僰道，今四川宜宾西南）。

邛、筰一带的部落首领，听说夜郎已与汉朝通好，而且得到大量赏赐，都想和汉朝交往，请汉朝派官吏来治理。汉武帝问司马相如有什么意见。司马相如说：“邛、筰靠近蜀地，交通也方便，秦代就设置了郡县，汉初断了联系。今日如能重新通好，重设郡县，将大大超过夜郎地区。”武帝觉得司马相如讲得有道理，就任命他为中郎将，带了大量财币出使邛、筰，所到之处，均受到当地君长和臣民的热烈欢迎。各部落的首领都自请为汉朝的内臣。他们纷纷拆去关隘，架桥辟路，同汉朝交通。司马相如顺利地完成了使命，回报武帝，武帝高兴得不得了。他没有花费大的军事力量，主要靠强盛的国力和发达的经济、文化便成功地达到了开拓西南边疆的目的。武帝下令在那些地区设置十几个县，归蜀郡（今四川松潘以南，北川、彭县、洪雅以西，峨边、石棉以北，邛崃山、大渡河以东等地，治所在成都，今成都市）管辖。

元鼎六年（前111）汉朝攻破南越后，夜郎首领来到长安，朝见汉武帝，武帝封他为夜郎王，赐予王印。此后，在汉朝的政治、军事压力下，邛、筰、冉駹、白马相继归为汉朝统治。汉朝在邛设越巂郡（今云南丽江及绥江两县间金沙江以东，祥云、大姚以北和四川木里、石棉、甘洛、雷波以南地区，治所在邛都，今四川西昌东南），筰为沈黎郡（今四川雅安、汉源一带，治所在筰都，今四川汉源东北），白马设武都郡（今甘肃武都、成县、徽县、西和、两当、康县及陕西凤县、略阳等地，治所在武都，今甘肃成县西），冉駹为汶山郡（今四川黑水县、邛崃山以东，岷山以南，北川、灌县以西地区，治所在汶江，今四川茂汶羌族自治县北），还设置了牂牁郡（今贵州大部、广西西北部和云南东部，治所在故且兰，今贵州凯里西北）。元封二年（前 109），武帝又派巴蜀军深入西南，滇国投降。滇王请汉置吏入朝，武帝对滇王的态度感到满意，赐予他滇王王印，仍让他统治当地，在这里设置益州郡（今云南高黎贡山以东，洱海以西，姚安、元谋、东川以南，曲靖、宜良、华宁、蒙自以西等地，治所在滇池，今云南晋宁东）。从此，西南地区的大部分都重归中国版图，西南各族人民与汉族的关系逐渐密切（参见刘修明著：《雄才大略的汉武帝》，上海人民出版社 1984 年版）。

3. 平定西羌、朝鲜

西羌，出自兰苗，羌族别支，3 代以后居于河西黄河、赐支河、湟河之间。战国时，羌族兴盛，有牦牛种（越嶲羌）、白马种（广汉羌）、参狼种（武都羌）等羌族分支繁衍。

汉兴，诸羌臣服匈奴。景帝时，羌人的一支研种留何率种人请求为汉朝守陇西塞。于是，汉徙研种留何率羌人居陇西郡狄道（今甘肃临洮）、安故（今甘肃临洮南）、临洮（今甘肃岷县）、氐道（今甘肃武山县东南）、羌道（今甘肃舟曲北）5县中。

武帝出兵河西，驱逐匈奴的同时，把诸羌往西撵赶。自元狩二年（前121）河西置郡后，西羌与北匈奴被南北隔绝，不得交通。元鼎五年（前112）九月，分布在今甘肃临夏以西和青海东北一带的先零羌与封养牢姐种尽释前仇，结成同盟，并与匈奴联合，合兵10余万，会攻令居县（今甘肃永登西北）和安故县，包围枹罕（今甘肃临夏东北）。武帝派将军李息、郎中令徐自为率兵10万，在元鼎六年（前111）十月讨平羌乱，始置护羌校尉，持节统领内附诸羌。先零羌移居西海、盐池地区。武帝逐渐徙民充实河西空地。后至昭帝始元六年（前81），置金城郡（治允吾，今甘肃永靖西北），原护羌校尉所领地归属金城郡（参见《后汉书·西羌传》；另见罗义俊著:《汉武帝评传》，上海人民出版社1988年版）。

武帝向东扩张到朝鲜。朝鲜半岛是秦汉以前中国长期经营的地区，它早在周初立国时就接受了中国文化。战国时期，朝鲜与中原的交往越来越多，秦统一后，朝鲜属辽东郡管辖。汉初认为朝鲜太远了，疆界划到浿水（今清川江）（参见罗义俊著：《汉武帝评传》，上海人民出版社1988年版）。

秦汉之际，燕、齐等地亡命朝鲜的人很多。汉初，燕人卫满聚集1000余人，换穿朝鲜土著服饰，渡过浿水，占据秦时障塞，驱逐朝鲜王箕准，在王险（今朝鲜平壤）建立政权，统治真番、朝鲜的土著人民和燕、齐亡命。汉代孝惠、高后时，经朝廷批准，辽东太守与卫满相约：卫满作为汉的外臣，管理塞外蛮夷，保卫汉朝边疆，但不能阻止蛮夷的君长到汉朝晋见皇帝。卫满凭恃统治朝鲜的合法地位，经略疆域数千里。

武帝在位之时，朝鲜王已传到第三世右渠。右渠违背约定，不再执臣礼朝见汉朝。武帝的皇帝权威受到挑战，汉朝统治遭到削弱（参见罗义俊著：《汉武帝评传》，上海人民出版社1988年版）。

元封二年（前109）夏季，汉武帝派使者涉何到朝鲜进行交涉，右渠仍不愿意臣服。后来涉何杀了送行的朝鲜裨王，并向武帝报告了前后经过，武帝遂任命涉何为辽东东部都尉，右渠立即发兵攻打涉何。于是武帝组织了东征军，由杨仆、荀彘率领两路军队从海、陆两路攻打朝鲜，但是两路军队皆前后失利。杨仆败走，逃到山里10多天，在山里收集散兵。武帝见两路都失利，便改用政治手段，派使者卫山凭借汉朝军威晓谕右渠，右渠愿意订立城下之盟，归降汉朝，派太子带 5000 匹马和一批军粮随使者入汉。正要渡浿水时，卫山和荀彘见朝鲜太子随从有 10000 余名的武装，怕生变，要解除他们武装。朝鲜太子本就怀疑汉使者招降的诚意，于是就不渡浿水，掉头回程。卫山招降没有成功，回去汇报，武帝杀了他（参见罗义俊著：《汉武帝评传》，上海人民出版社 1988 年版）。

战争又重新进行。荀彘军队推进到王险的西北城下，杨仆推进到城南，但围攻了几个月也没有结果。这时汉军内部发生分歧。荀彘是侍中出身，所率又是燕代地区的士兵，善战而骄，态度激进，坚持武力解决。杨仆因所聚散卒多惰战，所以主张和平解决。朝鲜的大臣秘密派使者与杨仆谈判归降事。荀彘多次与杨仆约期合战，杨仆因为谈判正在进行，不参加会战。见战事僵持不下，荀彘也找机会招降朝鲜，但朝鲜王不愿和他谈判。荀彘和杨仆因此分歧加深。

武帝派济南太守公孙遂去调解处理。荀彘将战事不决的责任全部推给杨仆，并诬告杨仆与朝鲜合谋消灭汉军。公孙遂信以为真，用计拘捕杨仆，叫荀彘并了两支部队向王险发起激烈攻击。朝鲜统治集团内部于是发生分化，朝鲜相路人、韩陶、尼谿相参和将军王唊见形势危急，商议投降。韩陶、路人逃亡到汉，大大削弱了朝鲜的力量。元封三年（前 108）夏，尼谿相参指使人杀害了右渠，右渠的部下投降了汉军，卫氏政权灭亡。

消灭了卫氏政权之后，武帝在其地设立 4 郡：真番（治雪县，今朝鲜礼成江、汉江间），临屯（治东暆，今朝鲜咸镜南道北部），乐浪（治朝鲜，今朝鲜平壤市），玄菟（今辽宁东部至朝鲜咸镜道一带，治沃沮城，今朝鲜咸镜南道咸兴）。至此，今朝鲜中、北部地区也并入汉帝国的疆域。自东定朝鲜后，武帝又将汉帝国的影响一直推展到日本（参见罗义俊著：《汉武帝评传》，上海人民出版社 1988 年版）。

四、大刀阔斧，革故鼎新

1. 亲主货币改革

西汉自建国以来，币制混乱，民间、郡国私铸货币现象猖獗，“七国之乱”的产生也有这方面的原因。汉武帝继位之后，为了挽救财政危机，就决定先从整顿币制入手，进一步革新经济与财政制度。

汉初的币制，承袭了秦制，分为黄金与铜币两种，黄金为上币，单位由秦以镒改为以斤计；铜币为下币，虽规定铜 1000 钱折金 1 斤，事实上金流通量很少，形成金、铜并行而以铜为主币的现象。因之铜钱的轻重直接影响市场物价，但并不与金价有任何联系。汉初币制承袭秦朝，使用半两钱，这种钱沉重，使用起来不方便。后来汉高祖改铸荚钱，荚钱形状像榆荚，每钱重5分，钱币上仍铸“半两”二字，与实际重量严重不符，但仍然按半两钱使用，钱小而价值大，使得民间私自铸币者很多，铸币利润大，富商豪强竞相铸币，致使币值大跌，物价飞涨。司马迁在《史记·平准书》中说：“汉兴，……令民铸荚钱，……米至石万钱。”这个滥铸钱币的恶果，“米至石万钱”，是个什么状况呢？用汉代的物价材料加以对比，汉初，大饥馑，“凡米石五千人相食”，“宣帝即位，……岁数丰穰，谷至石五钱，农人少利”，“元帝即位，天下大水，齐地饥，谷石三百余，民多

秦汉时期的半两钱

半两荚钱

饿死”。汉文帝时，“天下殷富，粟至石十余钱”，“张掖以东粟石百余”。固然由于年岁的丰歉，各地粮价高低有所不同，应该有所区别，但币制铸造滥，招致粮价的飞涨和暴跌却是主要的原因。不然米价不至于涨至每石10000钱。根据上面所说，米价涨到每石5000钱，以致发生大饥馑、人相食的情况；谷价涨至每石300钱，则人民多饿死。相反地，谷价跌至每石5钱，农民无利可得。而粟价每石10余钱，使天下殷富。可见谷每石300钱，看涨，每石10余钱，则看贱，一般涨跌幅度应在300至10余钱之间。如谷每石100余钱，则米每石当在100钱以上，以此推论，则米每石10000钱，币值贬低当在100倍以上（参见舒大丰编著：《大帝手中的风云：汉武帝》，百花洲文艺出版社2007年版）。

汉高祖至武帝共5世七八十年间，钱币制度的改革达八九次之多；高后二年（前186）改铸八铢钱，高后六年（前182）行五分钱（荚钱），文帝五年（前175）行四铢钱，武帝建元元年（前140）行三铢钱，又造皮币及白金币（银锡合金币），元狩五年（前118）废三铢钱，更令郡国铸五铢钱。元鼎二年（前115）“令京师铸钟官赤侧”，“以赤铜为郭也”。以1个赤侧当5个五铢钱，规定缴纳算赋租税用赤侧。元鼎四年（前113），汉武帝重令整顿币制，一面把铸币权收归朝廷，禁止郡国铸造；一面统一钱币的流通，并令郡国销毁旧钱，将销毁熔成的铜上交朝廷，另造新五铢钱，由掌管上林苑的水衡都尉所属锺官、辨铜、均输三官，分别负责铸造，审查成色和组织运输。新钱由上林苑三官铸造，所以又称“三官钱”。三官钱通行全国，是当时唯一的合法钱币。三官钱质量很高，发行适量，币值与铜值大致符合，而且铸造郭圆内方，便于流通，不容易伪造，即伪造亦利少，只有少数豪富之家才能盗铸，一般盗铸者以无利可图而减少。自武帝至平帝100余年中，共铸钱280亿枚。以平帝时人口5959万余人计，平均每人占有不到5000钱，当然这280亿枚不是一年铸成的。自此，钱币制度才稳定下来。钱币制度的统一和稳定，对于十六七年的对匈战争以及战后昭帝、宣帝时期封建经济的恢复和发展，对于汉中央集权制的巩固都起了极其重要的作用。在我国货币史上，这是继秦始皇统一币制后的又一新发展，为我国货币制度史写下了新的一页。

从史料记载所揭示的材料来看，对于汉代钱币改革，也有两种不同的意见，有时争论很激烈。富商大贾、地方权贵和儒学代表认为，朝廷应只规定钱币的重量、形式，而数量则由人民自行铸造，朝廷不必规定，这样朝廷就不会与民争利。以贾谊、桑弘羊为代表的政治家认为，钱币关系到人民生活，甚为重要，也关系工商业的发展，滥铸会影响钱币的好恶。流通量的多少，钱币轻重，直接影响着物价。钱轻物重与供求关系是互为因果的。因此主张钱币要由朝廷统一，铸造、重量、形样、发行，都由朝廷指定专门机构办理，严禁人民自由铸造。对于铜的采掘冶炼、制造器具等也要加以控制。政论家贾谊曾向文帝说明，统一管理铜有“七福”。统一铸币，统一管理铜的采冶，就是治本的办法。他所说的“七福”，一是统治了铜，则民无铜可铸钱，犯罪也就少了；二是假钱不蕃，民不相疑；三是无采铜的事，采铜人都回到农田劳动；四是收回铜，百姓无铜可铸钱，钱也就不会发行过多，物价因而平稳；五是收回铜可做兵器，用于更需要铜的地方；六是可以调盈虚，收奇羡，国家财政富裕；七是可以减少浪费，与匈奴斗争，制敌困弊。

贾谊的建议在统一铸币的理论方面是相当深刻的，但没有引起文帝的重视。“以致钱法不立”，“市肆异同，铜文大乱”。到武帝时，已经是“钱益多而轻，物益少而贵”（《汉书·食货志下》）。

为了充实国家财政，政府于元狩四年（前 119）发行了新的货币。新币分皮币、白金（银锡合金）两种，并取消半两钱，改铸三铢钱。凡是盗铸金钱的，都要处死刑。但是由于货币品类繁杂，币制的比值又很不合理，不利于商品的正常交换，人们都不愿使用。此后，政府又铸了几种钱币，也时兴时废，而盗铸之风益盛。

据《史记·平准书》记载，当时因犯了盗铸金钱罪被处死的就有数十万人；豪强因为竞相盗铸，率众互相斗杀，死者不可胜数；向政府自首免罪的人多至100余万；不敢自首的比自首的人还要多。犯法者众，吏不能尽诛。其中既有工商业主和地方豪强的蓄意捣乱，也有下层人民的反抗行为。同时由于币制屡变，富商大贾乘机抢购货物，囤积居奇，更加造成了市场的混乱和人民生活的困难。

于是，汉朝廷就在张汤具体主持下发行两种大额新币：白鹿皮币与银锡合金的“白金”币，销毁市上的半两钱，明令盗铸者判死刑。但由于皮币作价奇高，只在王侯宗室的狭窄范围内使用，未起到货币的作用，对商人也就没有什么影响；通用于民间，与商人有关的白金币比值也过高，如龙文币所含银的重量为实际银价几倍（8两普通银只值1000文），何况银锡比例伸缩性很大，加大锡的比例，铸钱成本就更低，获利就更高，这就更加引起了私人的盗铸和物价的高涨。“吏民之盗铸白金者不可胜数”。后来政府稍微降低白金币的作价，“民不宝用”，“以令禁之，无益”，勉强搞了5年，不得不于元鼎二年（前115）宣布废除白金币。

汉武帝又任用桑弘羊改革币制，桑弘羊从张汤改币的教训中认识到：分散铸钱和币不足值，只会导致盗铸的加剧、物价的上涨和社会的动荡不安；必须稳

五铢钱

定币值，稳定物价，才能使“民不失职”，“县官不失实”（财政收支不虚假），不应再靠铸钱、靠人为地提高货币的名义价值的办法来弥补财政亏空了。如何促使混乱的币制趋于正常而保持币值的稳定呢？他认为一定要同时坚持两条原则；一是“文如其重”（币面重量与实际总重量相一致），二是“统一”“币由上”（由中央政府集中铸钱，统一币制）。特别是根据管仲在齐国的做法和秦国后来的经验，铸钱权集中在中央是管好货币的必要前提。“统一，则民不二，币由上，则下不疑”（《盐铁论·错币第四》）。否则即使规定了铸钱标准，实际上还是各铸“奸钱”，流弊很大。为此，在元鼎四年（前113），他接手主持改革币制后，即采取了两项措施。一是把铸钱权收归朝廷，“悉禁郡国毋铸钱”，命各地销毁以前的各种旧钱，熔成铜，解交中央。二是另铸一种轻重适宜、质量俱高、而有边郭（吸收赤侧等钱的合理因素以防止盗磨取铬），币面重量和实际重量相一致的新的五铢钱。

新五铢钱保质保量，是一种在发挥流通手段职能的同时具有储藏手段职能的良币。标准钱每枚重3.25克（有人实测得3.36克），含铜量达90%以上，“一钱之费用十之八九”，铸钱本身盈利很少。正由于工本太高，乏利可图，盗铸者很难与之相竞，所以“民之铸钱益少，计其费不能相当，唯真工大奸乃盗为之”（《史记·平准书》）。再加盗铸判刑法令很严，多年来的盗铸之风就此平息下去。紊乱不堪的币制被整顿得很有条理，出现了一个币值相对稳定的局面（保持了几十年）。自武帝时铸五铢钱到元帝时100余年间，成钱280亿余枚，绰绰有余地保证了当时流通的需要，并有一部分被贮藏在流通界之外。

由桑弘羊确立的五铢钱制度，是一种较健全的货币制度。它的实行，把富商大贾借私铸钱币和币制混乱来投机取利的门路堵住了，有效地打击了豪强兼并势力和分裂割据势力，从经济上巩固了中央集权制国家的统一，同时也安定了人民的生活和生产，促进了当时封建社会内部商品经济的正常发展。直到唐代改用年号名钱为止，中间700多年可说是中国货币史上的五铢钱系统的时期。

桑弘羊的盐铁政策和他的货币政策一样在中国历史上产生了深远的影响。

2. 将盐、铁收归官营

无论是货币改革还是算缗、告缗，都在一定程度上填补了西汉政府的财政缺口。为了进一步增加政府的财政收入，汉武帝决定开始实施盐、铁官营政策。

食盐是人民的生活必需品，菜肴调味都要用盐，“恶食无盐则肿”，“十口之家，十人食盐”（《管子·轻重甲·海王》）。铁器是劳动人民的主要生产资料，铁制农具被称为“农夫之死士”，“死士用，则仇雠（草莱）灭，田野辟”（《盐铁论·禁耕》）。在西汉时大规模流转的商品种类还不多：粮食、布帛在农村是自给性消费；在城市，皇室、官僚、地主有禄米（汉时官俸为半钱半谷制）、租米收入，不少人还雇用工匠、役使奴婢在家内生产衣物，在很大程度上衣食也都不必仰给于市场。衣食以外的其他商品，通都大邑里也不过三十几种行业在经营；在农村远距离运来交易的大宗商品更是有限。因此从全国范围的城乡市场看，与广大人民生活和生产需要关系密切的、不是一般农民自己所能生产的盐、铁两种商品的销售量，在当时就占着举足轻重的地位了。

汉在盐、铁官营之前，承袭秦制，对盐、铁弛禁，任商人采掘冶炼煮熬，官府则于产盐、冶铁之郡县，设官征收盐、铁税。汉时设铁官的郡邑计44处，设盐官的郡邑32处。

桑弘羊

冶铁、煮盐在当时已成为商品生产，因盐、铁而成为巨富大商的很多，如猗顿用监盐起家，邯郸郭纵以冶铁成业，他如蜀之卓氏、程郑氏，南阳宛孔氏，鲁之曹邴氏，都是战国晚年冶铁起家的。汉初继续以盐、铁起家的有齐之大盐商东郭咸阳，大冶铁商孔仅。这些盐、铁商，资力雄厚，用工人多，规模大，获利最多；他们神通广大，勾结地方官吏，结交权贵，残酷剥削奴隶和市民，并兼农民土地。并乘朝廷军需迫切、物资困难的时候，囤积居奇，哄抬物价。汉武帝就是看到了这点，才决定把经营盐、铁的利润，从私商手里夺到国家手里，用以解决国家财政困难。

为了更好地实施盐、铁官营等政策，汉武帝任用桑弘羊来主持盐、铁官营。

桑弘羊平生最景仰管仲，他对《管子》所记的管仲在齐国实行食盐专卖和铁山国有的政策是十分熟悉的。据《管子》记载，管仲在食盐方面的做法是民制、官收、官卖。盐的生产属于“民制”，准许平民（称为“萌”或“国人”）采伐枯柴，煮海水制盐。民间制盐是利用农隙（十月至第二年的正月底）进行的；二月孟春既至农事将起，就令“北海之人无得聚庸煮盐”（庸是“功”的意思；也有解释为“聚集庸客”的，这时雇用别人煮盐的还是平民中的较富者，大的豪民还未形成多少）。一来是不妨农事，二来是控制食盐的生产量，使得求过于供，盐价保持高昂。民间生产的和由外地输入的盐（东莱之盐，时东莱未属齐国，齐灭东莱是在公元前 567 年齐灵公时，距管仲之死已有 80 来年。齐灭东莱后，拓地一倍以上，鱼盐和制铁之利更盛了），都由官府统购（民制盐一部分为实物税，一部分征购），实行专卖；或在国内销售，或“南输梁赵宋卫濮阳”（《管子·轻重甲·地数》）。食盐消费面宽，在每升盐上略微加点价出售，积少成多，就能得到巨额的收入。表面上没有征税，不致引起人民的反对，实际上是人民买盐时在不知不觉中纳了“税”（寓税于价）。运盐出口更能获厚利，等于“煮沸水以籍（征）天下”。

在铁的方面，管仲时齐国已经是“美金（青铜）以铸剑戟，试诸狗马，恶金（铁）以铸锄、夷、斤、斸，试诸壤土”（《国语·齐语》），铸铁已开始制作成农具。管仲看到役使奴隶生产，奴隶会逃亡，征发平民服役，平民会怨恨，“未见山铁之利而内败矣”。为了使“民疾作而为上虏”，管仲决定对铁的生产也采取民营的方式，而流通则由官府来控制：“与民量其重，计其赢，民得其七，君得其三”（《管子·轻重乙》）。三七分成，铁的原料按重量给官府白拿三成，作为租金（利用官府的天然资源）；铁制成品由官府统一收购，计算其所得利润，也以三成交官府。铁器全由官府专卖（通过属于官府的官贾，这时“工商食官”，主要工商业归官府经营）。1根针上加1钱，卖30根针即等于收1个人的人头税（30钱）。官府在铁器的买卖中也使人民“无不服籍者”。齐国就是如此“用管仲之谋，通轻重之权，徼山海之业，以朝诸侯”的。桑弘羊心里对管仲“官山海”的事业十分向往，认为这是使齐国得成霸业的富国之道。“修桓管之术，总一盐铁，通山川之利而万物殖”（《盐铁论·轻重》），一直是桑弘羊的志向。

桑弘羊所景仰的商鞅也是盐、铁专利事业的实行者。商鞅变法，“专川泽之利，管山林之饶”，在秦国实行山泽专利。国家从生产环节控制了山泽之利，使劳动者不因山泽利厚而放弃农业生产；同时控制了流通环节，使商人也不能从中捞取厚利。商鞅的做法是“外设百倍之利，收山泽之税”（《盐铁论·非鞅》）：山泽一般产品一般地收税（税也较重）；盐、铁更实行专卖，以专卖税的形式由国家占有绝大部分的工商利润。

为了加强控制，加强管理，防止偷税、漏税和私铸（煮）、私销，特有盐官、铁官之设。采取了这种做法以后，秦国“盐铁之利二十倍于右”。对此，桑弘羊也十分赞同；认为这是使秦国国富民强的一大经济来源，做到了“征敌伐国，攘地斥境，不赋百姓而师以赡”（《盐铁论·非鞅》）。秦时设盐铁官管理盐铁，实行国家专利，这已经提供了较近的历史先例，为什么不应用于汉时呢？西汉前期以来的纵民煮盐铸钱，纵容了豪强兼并势力，这是不尽符合秦制、不尽符合法家的抑商政策的要求的。

桑弘羊还分析，如果实行盐、铁专卖，将得到多方面的好处：

首先，盐、铁专卖，作为国家的统一财政收入可以保证抗击匈奴的军费的供给，又能增加积蓄以备不时之需（“足军旅之费，务蓄积以备乏绝，所给甚众”）。从买卖中获得利润，不必增加农民的赋税，而且可以“佐百姓之急”。像商鞅专山泽之利那样，财政来源不断，而人民不感觉到直接加重了负担（“利用不竭而民不知”）。这是解决财政危机的一条宽广可行的道路。桑弘羊已经筹之烂熟了（《盐铁论·非鞅》）。

其实，盐、铁专卖可以防止豪强富商垄断生产、操纵市场，阻塞他们剥削、兼并、役制贫民的通路，缓和社会矛盾、巩固封建统治。要“排富商大贾”，抑制豪强兼并势力，不剥夺他们所占有的最大财源是打不中要害的（《盐铁论·刺权》）。

桑弘羊上任后，开始整顿各郡国的盐铁官。据史书记载，桑弘羊在全国 27 个郡国内设置了 35 处（一说 36 处）盐官，在 40 个郡国内设置了是 18 处铁官；所有盐铁官受大司农管辖，在全国范围内形成了经营、管理的统配，加上资金和人力的充沛，盐铁生产规模很快扩大起来。

盐、铁官营使得生产规模化发展，大大提高了效率。桑弘羊在经过实践和总结后，更加肯定了大生产的优势。在 20 多年后的盐、铁会议上，桑弘羊就对盐、铁大规模生产优于小规模经营做了很多的阐释。

虽然后来到了东汉，盐、铁官营就取消了，直到唐朝安史之乱后，才开始实行盐专卖，此后历朝历代一直延续盐专卖；而对铁一直实行征税制。但是汉武帝时的盐、铁专卖使国家获取了可观的收益，尤其是盐的收入成了历代王朝的重要收益之一。

3. 推行均输，蓄货长财

在盐铁成功官营以后，桑弘羊的经济改革并没有就此止步。紧接着，他又向汉武帝建议推行均输法和平准法。均输法和同它结合起来一起实行的平准法，是中国经济史上的一件大事。

均输，就是朝廷在各郡国设置的官营商业网，以贡品做资本，进行商品流转而繁货长财，增加财政收入来源，以佐助边费。

均输是在元鼎二年（前 115）桑弘羊任大农中丞管理诸会计事时开始制定和推行的。试行 5 年后，即元封元年（前 110）桑弘羊已任治粟都尉兼任大司农，均输法便在全国推行了。

盐、铁官营，是为了解决财政困难；置均输，是为了繁殖货物、增加财货，以帮助边疆需费收入。均输怎样才能繁货长财？他说："往者郡国诸侯各以其方物贡输，往来烦杂，物多苦恶，或不偿其费。故郡国置输官以相给运，而使远方之贡，故曰均输。"(《史记·食货志》)《史记集解》中孟康作注说："(均输者)谓诸当所输于官者，皆令输其土地所饶，平其所在时价，官更于他处卖之，输者既便，而官有利"；"弘羊以诸官各自市相争，物以故腾跃，而天下赋输或不偿其僦费，乃请置大农部丞数十人，分部主郡国，各往往置均输盐铁官，令远方各以其物如异时商贾所转贩者为赋，而相灌输。"

从上述记载，可以看出：

⑴汉代各郡国除正税外，还要向朝廷贡纳一定数量的土特产。这些土特产，都是本地区产量多而较名

贵的产品。

(2)各郡国向朝廷贡纳的土特产，不是随税收征收的，而是在市场购买的。因为上贡数量大，各官府唯恐贡物购不足，耽误上贡期限，乃互相争购，商贾则故意抬高价格，牟取暴利，或以次品当善品出售，以致物多苦恶。

(3)各郡国向朝廷贡纳的土特产，均须自雇脚夫运交京城，路途遥远的郡国，所纳贡品的全部售价，也不足以抵补脚运费。所以赔累甚多，而贡品质量又恶劣欠佳。现在朝廷在郡国各置均输官，直接受大司农领导，各郡国按照应贡物品数量，以平均价格折算钱币，连同一定数额的运费上交均输官，就算完纳贡品任务。均输官视各地的物价高低，在价高地区销出，而在价低地区收进。这样，既可保证朝廷贡物数量与质量，也可免除在市场抢购，致物价高涨或因物多买少而猛跌，使商贾图厚利而操纵市场。所以均输法起着平抑物价，摧折豪富，增加财政收入的作用。这就是桑弘羊所设计的均输的全部内容。

均输法开始实施时，由于某些地方官吏自行交换和买卖，相互竞争，曾一度引起物价波动，导致市场紊乱。到元封元年（前 110），桑弘羊在全国普遍推广均输法之后，各郡国皆设置了均输官，由大农部丞 10 人统一管理。

均输官的分布是比较普遍的。在实行算缗、告缗、算车船以后，许多商人破了产，“船有算，商者少”，过去操远距离贩运贸易的商人一时趋于消沉或停顿了。这时客观上也正需要有一套官营的贩运贸易机构来代替私商，以使地区间的物资交流能正常地开展下去。所以，大凡有土特产品贩运出境的地方就都有均输官的设置。如武帝时的黄霸就是因“领郡钱谷计簿书正，以廉称”，而“察补河东均输长”的（《汉书·地理志》，只载千乘有均输官，连河东的均输官也未载。估计这是因为到西汉末年豪强富贾势力又大盛，均输已经废弛，仅千乘还有独立的均输官。《地理志》是西汉末的资料——人口是平帝元始时的数字；均输官设置未必反映武帝时情况）。

均输物有一类是不运往京师而运他郡销售的，也有一类仍要以相当部分输往京师供皇室、官僚等消费。后一类不如前一类的商业色彩重，仍有相当大的贡输成分。这类均输官负有双重任务，因贡输是“输其土产之所饶”，所以他们就不被笼统地叫作“均输官”，而是以所贡输的当地主要土特产的名称来命名的。例如巴郡朐忍（在重庆云阳县）、鱼复（重庆奉节）产橘柚，设有橘官；蜀郡严道县产木材，设有木官；南海郡多庶羞（多种美肴），设有圃羞官；辽东郡多畜产，设牧师官；太原郡产挏酒，设有家马官；九江郡（郡治在安徽寿县一带）多水产，设有陂官和湖官。南郡编县和江夏郡西陵县各设云梦官（湖产品）。这些与物产有关的官既以部分产品上供京师，又兼理着地区间的贩运任务。所谓湖官、陂官、云梦官所转输的产品中，有一主要部分是鱼（沿海地方也有这样转输鱼的均输官），以均输方法在各地区收买、贩运鱼产品，比之官府自办渔场更为有利（据《食货志》载萧望之说“长老皆言武帝时县官尝自渔海，鱼不出，后复予民，鱼乃出”）。齐的临淄、陈留的襄邑设立主贡服物的服官；河南郡的荥阳、南阳郡的宛、济南郡的东平陵、泰山郡的奉高、颍川郡的阳翟、河内郡的怀县、蜀郡的成都、广汉郡的雒县8个地方,则设立了“主工税物”的工官（蜀汉工官所治大抵以金银玉器、漆器为主，还有著名的麻布，这种工官与专制宫廷用品的工官不同，是管收税的）。服官、工官于收贡税的同时，也兼搞均输业务。

西汉铜镜

此外，还有铜官（丹阳郡），所收的铜大部分供铸钱用和官府制铜器用，小部分也出售于民间，供制铜镜铜器。当然也有的以物产命名的官是只搞贡输而不搞均输的，如南郡产竹箭，设发弩官；庐江出楼船，设楼船官。弩是比钢刀更重要的武器，楼船是战船，非一般民用，不可在地区间随便买卖。上述各类专业性的以物产命名的官，因为有贡输的职能，所以直到西汉之末均输制度废弛以后，仍然保留下来（《汉书·地理志》可见其名称），那时其主要任务则是贡输而不是均输了。但从桑弘羊的时候来说，“大农之诸官尽笼天下之货物”，均输甚为繁重而且有利，是各郡国共有的一项重要的经济工作。有专设官吏主管，势所必然。均输官的设置——以均输命名的均输官和以物产命名的兼职均输官，数目自然是不会很少的。

西汉政府就是这样通过大农部丞领导下的许许多多的均输官（两类均输官），在全国建立了一个广泛的官营商业网，实行垂直领导，高度集中地管理着全国的商业，为实现其“尽笼天下之货物”的目标而开动着“机器”。随着均输法的全面推广，财政经济更加统一于中央了，中央集权制从经济上得到进一步加强。

这一政策实行只一年，诸农官都往京师运输粟帛，山东漕运数字由汉初的数十万石猛增至600万石，太仓、甘泉仓都堆满了粮食，边郡也都有存粮。库存的帛计有 500 万匹。就在这一年，武帝亲率 18 万骑巡狩北边，赏赐用帛 100 余万匹，金钱数以亿计，这些开支都是由大司农供给的。

均输法的实行，客观上对于人民也是有利的。所谓“输者既便，而官有利”。因为实行均输法以前，直接运输贡物到京师，必然增加人民的负担。举办均输，节省了人力物力，也就减少了人民的负担。

均输的物资又起到了防备水旱灾荒的作用，同时也是打击富商大贾的一个锐利武器。过去的师史、大铁商宛孔氏都是专做或兼做大贩运商的。“布衣”曹邴既冶铁，又行贾遍郡国，又放高利贷，狡兔三窟，无往不利。专营的大贩运商则是仅次于盐、铁的第三号大商业资本家。在后来实施的告缗中他们虽暂被整了一下，但商人们还是没有不想有朝一日重整家业的。实行均输后，由官府来代替大商人从事地区间远程的大宗的贩运贸易，均输范围越大，收效越大，大批发商的东山再起的机会就越受限制。均输官收购粮食和布絮，更抽缩了最便于盘剥、兼并农民的农产品收购商的地盘。在盐、铁之外，均输法又进一步地遏止了商人资本的投机和兼并活动。这也是在一定程度上对人民有利的。

但是均输法在实行过程中也有一些弊病，如有的均输官所征收的物品，并非当地农民所生产的东西，而偏要他们没有的东西，这样，农民便不得不贱卖其所有，再用高价购买其所无，以满足均输官的要求。同时，均输官在土产品的验收上百般与人民刁难，在出卖货物时又对人民施行种种欺诈，致使人民受到双重的痛苦、加倍的负担。不过，以直接运输贡物时人民所受到的损害与实行均输后人民所受的这些痛苦相比较，应该说后者还是比较轻的。因为上面所提到的关于均输法的弊病，在均输法实行以前也会产生，而且在这之前，人民除了蒙受这些损失之外，还必须多负担由长途运输贡物所花费的巨额费用和生产时间的损失。

4. 垦田政策，一举多得

为了解决对匈奴连年用兵、粮食不足的困难，以及安置流民、巩固汉朝边防防御，汉武帝又委命桑弘羊实施了假民公田和移民屯垦的措施。这项措施可以充实边塞人力物力，减轻内地粮食物资运输负担，以疏民力物力。桑弘羊动员人民从内地迁移到被收复的匈奴曾盘踞的地区；而在边境驻军，在平时一面驻防训练，一面屯垦，解决军食。

这在后来汉代名将赵充国在神爵三年（前 59）给汉宣帝上屯田书时说："步兵九校，吏士万人，留屯以为武备，因田致谷，威德并行，一也。又因排折羌虏，令不得归肥饶之地，贫破其众，以成羌虏相畔之渐，二也。居民得并田作，不失农业，三也。军马一月之食，度支田士一岁，罢骑兵以省大费，四也。至春，省甲士卒，循河湟漕谷至临羌，以眎（示）羌虏，扬威武，传世折冲之具，五也。以闲暇时下所伐材，缮治邮亭，充入金城，六也。兵出，乘危徼幸，不出，令反畔之虏窜于风寒之地，离霜露疾疫瘃堕之患，坐得必胜之道，七也。亡经阻远追死伤之害，八也。内不损威武之重，外不令虏得乘间之势，九也。又亡惊动河南大开、小开，使生它变之忧，十也。治湟陿中道桥，令可至鲜水，以制西域，信威千里，从枕席上过师，十一也。大费既省，徭役豫息，以戒不虞，十二也。”（严可均：《全上古三代秦汉三国六朝文》）

赵充国是历汉武、昭、宣帝 3 代的名将，多次参加讨伐匈奴的战争，曾将 4 万骑屯边缘九郡，上述建议书，就是他晚年在张掖、酒泉屯田时写给宣帝的。他的建议得到宣帝批准。他说得很清楚，屯田是为了边防有备，以保证军食，减少军需粮秣转运，困敌致敝，以逸待劳的战略。

汉武帝实行民屯，是在元朔二年（前 127）卫青兵出云中迂回到陇西，击败了匈奴的楼烦王和白羊王，夺回并控制了河套一带。河套内外，水草肥美，是很好的牧场，汉在那里建立了朔方郡和五原郡，建筑起朔方城。但是那里居民稀少，过去的居民都被匈奴裹挟而去，为充实朔方郡的人力，官府从内地招募和迁移贫民 10 万多口，到那里居住。贫民所需住居、粮食、生产工具、种子、牲口等都由国家贴补供给，这是汉武帝民屯的开始。

汉军屯始于哪一年，史书缺乏详细记载。元光二年（前 133）王恢于马邑诱伏袭击匈奴泄密失败后的第五年，汉匈不再和亲了，匈奴曾侵袭渔阳，汉武帝命韩安国率部屯渔阳以防胡，并非军队屯田。元狩二年（前 121）骠骑将军霍去病率骑兵数万人两次从陇西出击，一次越过马支山，一次越过居延泽，汉军获得大胜，打通西域的通道，切断匈奴与羌族联系，引起匈奴内部贵族间的分裂。浑邪王杀了休屠王，带了 4 万多部落民降汉，汉安置他们在陇西、北地、上郡、朔方、云中 5 郡的塞外，叫作“五属国”，居屯放牧。从此以后，黄河以西，从金城沿着南山一直到盐泽，没有匈奴的踪迹。汉先后在那里设置了武威、酒泉、张掖、敦煌 4 郡。为了防御匈奴与羌氏族联络，保障通西域的通道畅通，汉武帝一方面从内地徙民 100 万，迁于边塞各郡，充实边塞人力物力，另一方面令驻地军队几十万人驻在当地保护居民屯垦，防备匈奴，也是就地进行军屯，开辟出一片片碧绿的农田，这大概是军屯的开端。《汉书·匈奴传》中记载有两段话：

“是后匈奴远遁，而幕南无王庭。汉渡河自朔方以西至令居（今甘肃永登县），往往通渠置田官，吏卒五六万人，稍蚕食，地接匈奴以北。”

其后：“汉东拔秽貉、朝鲜以为郡，而西置酒泉郡以隔绝胡与羌通之路。又西通月氏、大夏，以翁主妻乌孙王，以分匈奴西方之援国。又北益广田至眩雷为塞”（眩雷在乌孙以北，乌孙在新疆伊犁河流域）。

从上述文中可以看出，在军屯、民屯的地区，人数是十分多的，它是对匈奴战争的一大措施。汉武帝推行的政策，对于沿北边、西边要塞驻军和马匹的军食马秣，以及边境移民顺利安家，生产开发西北地区，起了极其重大的作用。这是一个积极的防卫战争的重要组成部分，是很成功的。

桑弘羊在屯田基础上提出的所谓“假民公田”，就是国家将一部分公田也就是官田以租借的名义分给丧失土地的农民，尔后向他们征收相当于田租的“假税”。像前面所讲的那样，到汉武帝即位之后，在沉重的赋税与徭役剥削下，再加上地主、官僚以及商贾的土地兼并，许多农民都失去了土地。他们有的沦为豪强地主的佃农，有的沦为四处乞讨的流民，有的甚至沦为奴婢。这不仅直接导致封建国家财政收入的大量减少，而且还造成阶级矛盾的进一步激化。为了稳固统治，同时更为了增加国家税收，西汉王朝也不得不考虑扭转局面。推行假民公田的政策，就是在内地安抚流民的一项举措。

当然，想要顺利地实施假民公田政策，还必须有一个前提条件，即国家应拥有大量可供假民的官田。而这一条件在汉武帝时期正好具备，主要是公田的数量有了很大的增长。除了原有的荒地（草田）与兴修水利增加的溉田，这一时期增加最多的是没收而来的大量田地。一是贵族以及官吏犯罪被没收的田产，二是通过告缗（告发富户隐匿财产、逃漏税款）所没收的商贾的田产。尤其是后者，致使国家直接控制了更多土地，因此才能够大力实施假民公田的措施。实际也正是如此。在没收商贾大量土地之后，汉武帝就下令“水衡、少府、大农、太仆各置农官，往往即郡县比没入田田之”。因此，国家曾经对贫民租借了许多园池与苑囿的土地,像《盐铁论》卷三《园池》载文所说：“今县官之多张苑囿、公田、池泽，公家有鄣假之名，而利归权家。三辅迫近于山、河，地狭人众，四方并凑，粟米薪菜，不能相赡。公田转假，桑榆菜果不殖，地力不尽。愚以为非。”尽管是批评假民公田的弊端，但也表明假民公田确曾得到了实施。

移民屯垦，原是文帝时晁错倡导的一项抵御匈奴、保卫汉朝边防的战备措施，其大力推行是在武帝时代。例如元朔二年（前127）招募农民10万口，屯卫朔方。

元狩四年（前 119），又把关东贫民迁徙到陇西（今甘肃临洮）、北地（今甘肃环县东南）、河西（包括武威、酒泉、张掖、敦煌 4 郡，均在今甘肃境内）、上郡（今陕西绥德东南）等地，共 72 万口。桑弘羊掌管财政后，又在西北地区组织了一次大规模的军事屯田。元鼎六年（前 111），上郡、朔方、西河（今内蒙古鄂尔多斯境内）及河西一带都设立了田官，共征发戍田兵士 60 万人。当时修道运粮，远者 1500 公里，近者 500 余公里，费用都由大农供给。

假民公田与移民屯垦对于缓解财政困难以及巩固边防乃至保持社会稳定都发挥了比较明显的作用。

伴随着假民公田的实施，有相当一部分丧失土地的农民又重新得到了这个赖以生存的生产资料。西北边郡也得到初步开发，我们从居延发现的汉简中可以看到，直到汉元帝时，还需要西北边郡 11 个农都尉所管辖的屯田区运发存粮，救济内地。证实了司马迁在《史记 · 平准书》中“边有余谷”的说法。汉平帝时，全国定垦田已达到 800 多万顷，其中就包括屯垦区在内。河西 4 郡是汉朝西北重镇，是著名的“丝绸之路”必经的要道，屯田河西，不仅隔断了西羌与匈奴的联系，巩固了汉朝西北边防；而且有利于发展对西域的交通，保障中西经济文化的交流。

尤其重要的是，假民公田让许多流民不再成为国家救助的对象，不仅能够节省开支用于当时最紧迫的战争之中，而且还为国家恢复与增加了税源，正所谓一举多得！

从移民屯垦来看，它除了具有安置流民以及开发西北边疆的作用，所谓“募人田畜以广用，长城以南，滨塞之郡，马牛放纵，蓄积布野”(《盐铁论·西域》)，对减少军费开支和巩固边防同样发挥了重要作用。尤其是军屯，多达60万人的屯田卒一边从事农业生产，一边肩负着保卫边塞的任务，为保证战争的胜利做出了很大贡献。

五、外施仁义，内铸文明

1. 社会矛盾的激化

武帝即位后，天灾频仍。即位之初数年间，连年歉收。建元三年（前138），河水溢于平原（郡治，今山东平原县西南）；四年（前137），旱灾；五年（前136），蝗灾；六年（前135），河内（郡治怀县，今河南武陟西南）火灾；元光三年（前132），黄河决口，附近16郡受灾20多年；五年（前130），螟灾、风灾；六年（前129），大旱灾、蝗灾；元朔五年（前124），大旱灾；元狩四年（前119），关东大水灾；六年（前117），大蝗灾；元鼎二年（前115），关东大水灾，

10余郡国受害；六年（前111），河灾；元封四年（前107），大旱灾；六年（前105），大旱灾、蝗灾；太初二年（前103），蝗灾；天汉元年（前100），大旱灾；太始二年（前95），旱灾；征和元年（前92），大旱灾；二年（前91），大风灾、地震；三年（前90），蝗灾；后元元年（前88），地震。

终武帝世，天灾不断。它影响民生，产生了大量的贫民、饥民、流民。例如建元三年（前188）的河灾，造成大饥荒，人相食。元鼎二年（前115），平原、渤海、泰山、东郡遍受水灾，民饿死于道路（《汉书·魏相丙吉传》），灾区饿死者千万数。元封四年（前107）大旱灾，关东流民有200万口，无户数即无籍、脱籍的有40万户。西汉人口在平帝时（前1—6），有1223万多户，人口有5959万多，这是最殷盛时的数字，是经过200余年的发展才达到的，武帝时决无此数。元封四年（前107）与平帝元始二年（公元2）相距109年。如果假设每年户口自然增长率为1/100，那么，元封四年（前107）户为430多万，人口为近2100万。关东流民及无户数者都占全部户口数的1/10。这个推算可能有落差，但大致可以肯定，落差不会太大。如此大量的贫民、饥民和流民，势必“城郭仓廪空虚”“摇荡百姓。”（《汉书·万石卫直周张传》），而且还会助长土地兼并势力的发展。因此，它对社会生产、国家财政收入、社会秩序以及政权的巩固都有极大的影响。这是个严重的社会问题。

天灾加上人祸，饥民、流民问题很容易发展为阶级矛盾、社会矛盾，所谓“官旷民愁，盗贼公行”（《汉书·万石卫直周张传》）。景帝末年，社会风俗渐薄，刑法渐苛，酷吏郅都、宁成之辈出现，说明已酝酿着社会矛盾。及至武帝时期，军旅数发，征伐西夷，朝廷多事，酷吏盛行，遂使社会问题转化为社会矛盾，社会矛盾日益暴露、步步加深。所谓“孝武即位，外事四夷之功，内盛耳目之好，征发烦数，百姓贫耗，穷民犯法，酷吏击断，奸轨不胜。”《汉书·刑法志》的这个说法，足以说明问题的严重。待到武帝后期，已到比较普遍地出现铤而走险，逃亡山林，公开反抗朝廷的“盗贼”的地步（《汉书·隽琉于薛平彭传》）。天汉二年（前99）秋，南阳郡有梅免、百政起义，楚有段中、杜少起义，齐有徐勃起义，燕赵之间有坚卢、范主起义。征和三年（前90）九月有公孙勇、胡倩起义。大的有数千人，自立旗号，攻城掠地，取库开狱，杀官檄告；小的聚众百数，转战乡里，更是不可胜数（参见罗义俊著：《汉武帝评传》，上海人民出版社1988年版）。

严重的社会问题转化为社会矛盾，随着其日益激化，势必造成社会危机、政治危机。对此，汉朝统治阶级中如董仲舒、徐乐都有一定认识，视为“土崩之势”。

早在元朔元年（前 128），徐乐就上书说：

> 天下之患，在于土崩，不在于瓦解，古今一也。何谓土崩？秦之末世是也。陈涉无千乘之尊、疆土之地，身非王公、大人、名族之后，无乡曲之誉，非有孔、曾、墨子之贤，陶朱、猗顿之富也。然起穷巷，奋棘矜，偏袒大呼，而天下从风。此其故何也？由民困而主不恤，下怨而上不知，俗已乱而政不修，此三者，陈涉之所以为资也，是谓之土崩。故曰：天下之患在于土崩……近者，关东五谷数不登，年岁未复，民多穷困，重之以边境之事；推数循理而观之，则民且不安其处者矣。不安，故易动；易动者，土崩之势也（徐乐：《言世务书》）。

灾荒之年，民多穷困，朝廷不恤民生，不修民政，还要劳民，必然使人心易动，脱籍、逃籍而去，酿成“土崩之势”。武帝见书即拜徐乐为郎中，说明他也认可和接受了这个观点（参见罗义俊著：《汉武帝评传》，上海人民出版社 1988 年版）。

武帝采取两种政策处理这些社会问题和社会矛盾。对于“犯法”之民及已危及政权的“盗贼”，他运用酷吏苛法，无情镇压，即习惯上称为霸道、威猛的一手，同时也运用了恩义、德惠的一手。

天汉二年（前 99），武帝先命御史中丞、丞相长史督察郡守尉诸侯讨伐，继派遣光禄大夫范昆、诸部校尉等绣衣御史持节镇压了南阳、楚、齐、燕、赵的人民起义，捕获起义首领。起义部众散而复聚，依阻山川，继续反抗。朝廷对他们毫无办法。于是，武帝又作沈命法，即规定捕杀品额，严厉督察郡县加紧捕杀，凡没有发觉，或发觉却没有捕捉到规定的数额，有关的2000石以下的小官员都要处死。法令十分严酷，还有一批如虎似狼的绣衣御史督察执行。但酷吏苛法毕竟不是治国的良计妙策，它所取得的威誉、煊赫的政绩是表面的、稍纵即逝的，每次被暂时压抑下去的阶级矛盾社会矛盾都会很快以更广更深的程度爆发出来，如此反复升降起伏，形成恶性循环。例如还在元封二年（前109），酷吏杜周由御史中丞迁廷尉，在任11年，奉诏治狱，结果愈治愈多。2000石吏的老案子尚未了结，新案子便接踵而来，层层相积。中央丞相、御史两府及各郡汇交廷尉的劾章一年竟达上千。劾章大的案连数百人，小的数十人；远者数千公里，近的数百公里。诏狱逮至六七万人，下面豪吏又增捕十多万。王夫之曾评论汉武帝之作沈命法，说：

“盗者，人之所众恶者也；使人不敢恶盗，而恶逐盗之法，盗恶得而不昌。”

“呜呼！上失其道而盗起，虽屡获伏法，仁者犹为之恻然。况凭一往之怒，立一切之法，以成乎不可弭之势哉！

汉武有丧邦之道焉，此其一矣。”（《读通鉴论》卷三）

这段议论是站在封建统治阶级的立场上，总结封建统治经验的。但王夫之指出人民同情“盗”,痛恨“逐盗之法”；认为苛酷的“逐盗之法”是汉武帝错误的丧邦政策之一，用法苛急，反而激化矛盾，使“盗”蜂起，发展成无法消除的危机。这是颇有见地的。百姓走投无路，只有铤而走险。小吏怕“捕弗满品而遭诛”，即使见知“盗贼”也不敢揭发，府县怕连坐也不追究，自然“盗贼寖多”(《汉书·酷吏传》)。

“天下断狱岁以千万数”(《汉书·食货志》)，残酷镇压并没有解决矛盾、缓和矛盾，反而激化、扩大了矛盾。接受“土崩”认识的武帝自然会察觉到这一点。董仲舒在建元对策中曾经提出天道的最高原则是任德而不任刑，王者顺天就应实施德治，修饬仁义礼智信五常,它就是万世传颂的先王之道。实行这个先王之道，就能“阴阳调而风雨时，群生和而万物殖”，达到功业粲然复兴,子孙长久安宁。有儒学修养的武帝在赞同《天人三策》的同时不可能不接受以德治国的意见。因此，他在处理、解决社会问题和社会矛盾时，还采取了一些治水勉农、恤贫赦罪、移民屯田之类的方法。即使对“犯法”之民、对“盗贼”，他也不是一味杀伐，认为应当给予“更始”。用今天的话来说，就是给予改正自新的机会，给出路。元封四年（前107)，朝廷公卿议请徙40万流民于边，武帝不同意兴徙流民于边，并责备丞相石庆："今流民愈多，计文不改，君不绳责长吏，而请以兴徙四十万口，摇荡百姓，孤儿幼年未满十岁，无罪而坐率，朕失望焉。"还说："官旷民愁，盗贼公行。往年觐明堂，赦殊死，无禁锢，咸自新，与更始。"（《汉书·万石卫直周张传》）

在理性上，他是倾向德治及主张"赦殊死，无禁锢"的，至少是不排斥这一面。这是根本性、经常性的政策和措施，习惯上称为恩义、德惠的一手，或称为"王道""仁政"。用汲黯批评武帝的话来说，叫作"外施仁义"。

正是"外施仁义"，才使武帝时代的社会矛盾没有进一步激化和扩大，并蔓延到关中成为全国范围的普遍性的社会危机，而且最后还使阶级矛盾、社会矛盾得到了缓和（参见罗义俊著：《汉武帝评传》，上海人民出版社1988年版）。

2. 优老恤贫得人心

优老恤贫，释奴赦罪，是西汉传统的民政措施，终武帝一朝亦未尝停止。

（1）优抚高年。文帝时已有"礼高年"（《汉书·文帝纪》）的措施，武帝即位，就立受鬻法，将它制度化。

建元元年（前 140）二月，令民年八十复二算，九十复甲卒。这是说户有高龄 80 岁以上者免两口的算赋，有 90 岁以上者免更役。四月，诏："民年九十以上，已有受鬻法，为复子若孙，令得身帅妻妾遂其供养之事。"（《汉书》卷六《武帝纪》）元狩元年（前 122）四月，遣谒者巡行天下，存问致赐老眊，赐年 90 以上帛，人 2 匹，絮 3 斤。赐 80 以上米，人 2 石。元封元年（前 110）四月，加年 70 以上帛；二年（前 109）四月，赐年高米，人 4 石（《汉书 · 武帝纪》）。

武帝还配合着奖励"遂其供养"高年之事的孝悌。元朔二年（前 127）十一月，诏："故旅耆老，复孝敬。"元狩元年（前 122）四月，赐孝者帛，人 5 匹；悌者帛，人 3 匹（《汉书 · 武帝纪》）。可见，优抚"高年"的措施，明显地带有宗法性质。

这种措施，可以巩固父权，稳定社会细胞——家庭，延续宗法制度，进而发挥减少和防止社会动荡、稳定统治秩序的作用。

（2）恤贫。汉初也已有之，如文帝十三年（前 167），赐天下孤寡布帛絮，"出帛十万余匹以振贫民"（《汉书·贾邹枚路传》）。武帝也很重视赈恤贫民、饥民、灾民，流民。

天灾发生，武帝及时派使者视问。建元元年（前 140），闻河内火灾延烧 1000 余家，武帝即命主爵都尉持节便宜视问。汲黯经过河南（相当于今河南省黄河以南洛水、伊水下游，双洎河、贾鲁河上游地区及黄河以北原阳县），见河南 1 万余家遭受水旱灾，矫制发河南仓粟以赈救灾民，武帝非但不治汲黯矫制之罪，反而对他更加敬重，可见其重视恤贫的程度。恤贫在武帝时也已制度化。元狩元年（前 122）四月，遣谒者巡行天下，挨户存问致赐鳏寡孤独帛，人 2 匹，絮 3 斤。元狩三年（前 120）秋，举吏民能假贫民者以名闻。元狩六年（前 117）六月，又遣博士褚大等 6 人分头巡行天下，存问施贷鳏寡废疾、无以自振业者。元鼎二年（前 115）九月，因水灾延及江南，武帝遣博士分道巡行江南，谕告不得重困贫民，诏调运巴蜀之粟到江陵赈济，吏民有赈救饥民者具举上报。元鼎六年（前 111），调巴蜀粟赈关东灾民。元封元年（前 110）四月，加孤寡帛，人 2 匹；赐孤独米，人 4 石；五年（前 106）四月，赐鳏寡孤独帛、贫穷者粟；六年（前 105）三月，赐

西汉谷仓陶器

天下贫民布帛，人 1 匹（《汉书 · 武帝纪》）。

朝廷赈恤，对贫民、饥民、灾民、流民来说，能救急但不能救穷，且耗国家财帛。因此，武帝进而采取移民宽地富乡，假民于田的措施。元狩四年（前 119）冬，遣使者赈恤关东遭受水灾的灾民。当时朝廷用度大空，拿不出更多的粟帛，于是组织 70 多万灾民徙入关中朔方以南新秦中陇西、北地、西河、上郡及会稽。初，这些入关灾民的衣食都仰给于政府，几年后，国家贷予产业，这就是移民屯田。据《汉书 · 食货志》，公卿对武帝说："郡国颇受灾害，贫民无产业者，募徙广饶之地。"元鼎六年（前 111），诏令关东灾区的饥民流徙江淮就食，并允许他们留居。贫民流徙，朝廷都派使者护送。此外，元朔二年（前 127）募民 10 万户徙朔方及募民屯田西南夷。《汉书 · 昭帝纪》注引应劭说："武帝始开三边，徙民屯田，皆与犁牛。"可知移民屯田，除了为充实边防，也兼有解决贫民、流民问题的目的。

武帝又开放禁苑，假民皇田。汉高帝二年（前 205），曾实行开放故秦苑囿园池的政策，令民得田。建元元年（前 140）七月，武帝也开放皇家的养马地，赐给贫民放牧采樵。元鼎二年（前 115）秋九月，又诏"山林池泽之饶与民共之"（《汉书 · 武帝纪》）。对屯田、假田流民的剥削，武帝适当地加以限制，特设流民法，禁止官吏征收重赋，侵扰流民。元鼎以后，武帝减免部分地区的田租。元鼎六年（前 111），诏议减左、右内史地田租。元封四年（前 107）三月，免汾阴（今山西万荣西南宝鼎）、夏阳（今陕西韩城南）、中都（今山西平遥西南）3 县及杨氏邑当年租赋。元封五年（前 106）四月，免巡行所过荆扬江淮等地当年租赋。天汉三年（前 98）四月，免巡行所过泰山、北地、常山等地田租。

恤贫极为明显地具有缓和社会矛盾的意义，尽管它在本质上是把农民束缚在土地上接受封建剥削，但贫民、饥民、灾民、流民或生活得到一些改善，或得到土地，剥削减轻了，也就安居下来，免于颠沛流离。

（3）释奴赦罪。释放奴婢是高帝以来的传统措施。

高祖曾诏："民以饥饿自卖为人奴婢者，皆免为庶人。"文帝后元四年（前 160）也曾诏免官奴婢为庶人。武帝继续实施。建元元年（前 140）五月，把坐吴楚 7 国谋反罪没为官奴婢的全部赦释，又令民得赎罪。元封元年（前 110），令民得入粟赎罪。太始二年（前 95）九月，召募犯死罪者能缴入赎罪钱 50 万的，减死一等。

汉代更有大赦制度，新皇帝即位必大赦天下。自高祖到景帝 60 余年计 22 赦，平均 3 年一赦。此外还有别赦。这种普遍性赦罪的制度，武帝循而未改，其在位 55 年，凡 18 赦，也平均 3 年一赦。别赦有元光六年（前 129），赦雁门、代郡军吏不循法者。元封四年（前 107），赦汾阴、夏阳、中都死罪以下。元封六年（前 105），赦京师亡命，令从军。太初二年（前 103），赦汾阴、安邑（今山西夏县西北）殊死以下。武帝还继续实施汉初赐民爵的措施，元封元年（前 110）四月，赐天下民爵一级，以提高农民的社会地位。释奴赦罪，有利于减少和缓和社会矛盾、阶级矛盾，有利于消弭和防止人民铤而走险。

不用讳言，武帝实施优老恤贫、释奴赦罪的制度、政策和措施，是为他的专制统治所做的温情脉脉的修饰与调整，但在一定程度上对酷吏政治的严苛有所缓解，对社会矛盾有所缓和（参见罗义俊著 :《汉武帝评传》，上海人民出版社 1988 年版）。

3. 大力发展农业经济

早在秦朝时期，秦始皇为了北抗匈奴，曾使蒙恬将 10 万部队向北攻打匈奴，夺取黄河以南土地，沿着黄河修筑 44 座县城，同时把从北方获得的土地租赁给贫苦无地的百姓。西汉文帝时，匈奴屡次南下，为了抗击匈奴，大臣晁错建议“募民徙塞下”，让百姓到边境地区进行屯田。

西汉时人民大规模在边境地区经营农业是在汉武

帝时期，由于国力强盛，卫青、霍去病北伐匈奴，把匈奴赶过漠北，同时在北方设立朔方郡，开疆拓土。由于国内灾害不断，武帝大规模移民充实边塞。

元朔二年（前 127），汉武帝根据谙熟边廷事务的大臣王恢的奏请，实行移民。王恢对汉武帝说（大意）："如今天下一统，必须派遣子弟到边境地区戍守，同时国内要运输粮食到边境，作为突发事件的应急之用。这样才不怕匈奴来骚扰。"御史韩安国对此补充说应派人到边境从事农业生产和纺织，这样可以长期对付匈奴。故而，汉武帝首先招募百姓 10 万人到边境屯田。元狩四年（前 119）冬季，大臣们奏请把关东贫民 70 多万人迁移到陇西、北地、西河、上郡、会稽各郡垦殖。但是百姓在迁徙过程中，有的州县国库无法支付费用，百姓人心浮动。消息飞快地传到武帝耳中，武帝采取了紧急措施，通过用银锡造白金币、用上林苑白鹿皮制成皮币来紧急向商人、诸侯筹集费用；对商人开始征收算缗钱，凡是在城市中有大量储积粮食或其他货物的商人，货物价自己估算，每 2000 钱交 120 钱，以这些措施来保证移民边塞的顺利进行。元鼎六年（前 111），武帝在武威、酒泉地方设置张掖，敦煌郡，迁徙百姓前往耕种。

同时，由于连年对匈奴征战，战马损失很严重，故此政府出面向天下征集母马，并让各州县官员自愿捐献马匹。《汉书》记载，当时河南人卜式以畜牧业为生计，家有兄弟，仅取100头羊畜进入深山放牧，10余年又成千数。正逢对匈奴征战，卜式上书皇帝愿把自己一半家产献给国家。武帝派使问卜式是否为做官？卜式答曰：自己放牧惯了，不懂官场礼仪。使臣又问是否家有重大冤情要上诉？卜式回答说："我从未与他人有过什么争吵，对穷人我还接济他们，那些为恶乡里的人我劝说他们，所以谈不上有什么冤枉"。使臣问，既然如此，你又图什么呢？卜式回答道："我认为伐匈奴是件大事，我们百姓有智的则应该献策，有力的应出力，有财产的应该贡献财产，这样匈奴指日可灭。"汉武帝听使臣呈报后，对卜式又是封官又是赏钱，并布告天下以卜式做榜样。

汉武帝也专门拨出一些马匹借贷给边地贫民饲养，同时也规定3年之后归还母马，同时收取一定的马息。这样在边境地区很快又能见到成群的马匹和牲畜了。

募民养马，同时也招集大批百姓屯田。屯田地区有西北边郡、西域和中原地区公田。武帝设朔方郡以后，为保护边道，同时也出于长期考虑，在西北边郡开始军屯、民屯。军屯主要设在从朔方到令居、河西居延一线，民屯主要设在河套及周围地区到河西诸郡。

西汉在西域屯田始于武帝。张骞通西域之后，虽然西汉和西域各国有了往来，但一方面受到匈奴的侵扰，另一方面则因路途遥远，供给困难，所以联系比较困难，征和四年（前 89）朝廷议事，御史桑弘羊出班上奏（大意）：“皇上，如今国泰民安，物产丰饶，同时守内输外，把我朝多余产品输入西域各国，一可表明皇上天恩，二可说明天朝富足，三可抵御匈奴，四可以互通有无，是利国利民的事情。但是近年来在通往西域的道路上屡屡受挫，这是因为路途遥远供给提供不上，而轮台地处塔里木盆地中心，是中西交通必经之地，如在此驻足屯田，向东可击匈奴，向西可和乌孙和亲，所以我请求在轮台以东屯田，在有溉田 5000 顷的捷枝、渠犁等地扩大屯田，增修沟渠，种植五谷，设校尉 3 人分别管理屯田，等有积余谷物之后，再用这些谷物为本钱，招募年轻力壮、敢于远迁的贫民，开辟良田，修筑亭障，确保谷物丰收，道路通畅。望陛下亲察。”（参见《西域传》）武帝听完后陷入深思，让诸大臣商议。大臣众说纷纭。过了一段时间后，武帝开口说道：“朕想众卿仍记得元狩四年（前 119）迁关东贫民到陇西诸郡戍守屯田的情景，仍然让人记忆犹新。移民屯田充实边塞用度太大，国库因连年征战所余无几，再行屯田之事估计实为力不从心，由此想起朕即位以来开疆拓土，讨伐匈奴，国力已经疲惫不堪，正因此不宜再大动干戈，而要与民休息，重新提倡农业，仍为天下之根本，待朕下诏历数自己过失，与民休息吧。”于是轮台罪己诏颁下，重新提倡与民休息（参见丁颖等编著：《汉武帝》，新疆人民出版社 1996 年版）。

中原地区的官营农业分属于中央各官府和地方政府管理。武帝太初元年（前 104）把长安及其属县分为 3 区：京兆、左冯翊、右扶风，称为“三辅”。三辅宫府管理的土地为三辅宫地，太常为中央九卿之一，掌宗庙礼仪之官职，并管辖公田，主要供应陵庙祭礼费用，因为汉代帝王陵墓规模很大，每修建一座帝王陵墓都要在其旁置县，称为“陵县”或者“陵邑”。汉武帝茂陵所在的陵县有 6.1 万户。郡国公田则是那些无主荒地、草地等。

官营农业由大司农、少府、太仆和水衡 4 个部门管理。大司农掌管国家财政兼主管农业，少府管理皇帝个人收入。同时在边境设置农官，为农都尉、护田校尉。农都尉是武帝时设置的，秩比 2000 石，是郡中管屯田殖谷的最高官吏。居延汉简记载大司农先禄大夫非调曾上书要求调动河西等 11 个农都尉所辖余粮，可见当时在西北边境已经有相当规模的屯田。

官营农业的土地来源渠道是相当广泛的。诸侯郡国公田基本是走沿袭、继承这条路的，但也有剥夺爵位和诸侯国方式收为国有。汉武帝时实行推恩令让王国进行分封，但也没有放松对王国的剥夺。淮南王、衡山王侵夺民田，聚敛财产被告发后，又阴谋造反，最终使王国被除。

同时武帝攻打匈奴设立朔方等郡，又通西南夷，平两越，最终使域土大增，这也是公田扩大的来源。同时没收豪富土地为公田，强迁豪强到武帝陵邑茂陵，标准是家有 300 万钱以上户。同时武帝使用酷吏打击地方豪强，如王温舒做河内太守时击杀豪富 1000 多家，大的灭族，小的处死，致使血流十几里，家产全部充公。针对商人实行算缗、告缗政策，迫使全国中等以上家庭大半破产，大县数百顷，小县 100 余顷，这些土地总共达 50 万余顷，并且让水衡、少府、大司农、太仆各置农官进行经营和管理。

西汉官营农业经营和政府的参与分不开。政府对公田从管理、选用农业新品种，推广新技术、新工具，兴修水利工程都使官营农业优于自耕农生产。并且官营农业采取了不同的经营方式：假田与民制和屯田制。

西汉政府大量移民垦殖，主要是采用假田与民制和屯田制。屯田包括民屯和军屯。在中原地区主要是假民与田的办法，并且和政府间有契约，政府征收“假税”。在三辅地上耕种，农民的负担上要比其他郡重。武帝召集九卿廷议，指出三辅田租契重，不与他郡相同，应该考虑给予减少。假民公田实际上是把国有土地租赁给百姓耕种，也是安置贫民的一种办法。河东太守番係上书武帝说：“由于漕运开凿之后，河东荒地估计有 5000 顷左右，如果凿渠引水灌溉，大约每年可收获粮食 200 万斤以上。”武帝认为这个建议不错，发动 1 万人修渠做田，募民耕种，后让少府管理并收税。

在西北边地则实行屯田经营的方式，有军屯和民屯两种。军屯的劳动者主要是士卒、刑徒（发配边疆的罪犯及其家庭）。军屯由士卒耕种国家土地，使用国家提供的牛、犁等农具，收获也全部缴公，而且军屯士卒可以带家属,父母愿意跟着也可以。随着时间推移，这部分军屯士卒发生分化，形成地主和自耕农。

民屯和大范围的移民是分不开的。如前文所述，政府鼓励那些到边境进行屯田的百姓。路上费用由国家提供,到目的地后国家仍提供相当的便利。民屯伊始，政府就先选择地址并且开始修筑城池，同时要求修建不少于 5000 个居住房屋。对勇于到边境屯田的百姓，政府免除徭役、封高爵，发放冬夏衣服，同时政府准备农具，派医生治病。对于未婚者政府可以买奴婢为其妻。

当初李陵率兵攻打匈奴，路上士卒抢劫戍边百姓妻子，隐藏于车中，但仍被李陵发现，全军进行搜查，找到以后李陵十分生气，挥剑杀了士卒，严明军纪，同时也保护了屯田百姓不受侵害。此外武帝把收没而来的罪人妻子充为奴婢，设营妓，不仅提供给士卒，也婚配于戍边屯田的百姓。

公有土地耕种经营得到国家鼓励，而且无论从生产工具、生产技术还是水利工程来讲都有相当优势，这种优势的取得是因为政府参与和动用了大量的物资。所以公有土地成为先进技术的推广地和实验地（参见丁颖等编著：《汉武帝》，新疆人民出版社 1996 年版）。

西汉初年有田 300 万顷，武帝之后田大约扩为 827.5 万顷；西汉平均每户拥有土地 46.6 市亩，每人大约是 9.6 市亩。汉代亩产量统计困难，大致可以分成三种情况：偏低亩产，中等亩产，偏高亩产。偏低亩产为每亩 3 石，田地种粟每亩产量可以达 81 斤，种小麦可达 84 斤，种水稻可达 90 斤。

有的地方亩产偏高，如汾河中下游亩产可达粟 270 斤，麦 280 斤，水稻 300 斤。水利兴修对农业生产的大力发展起了极大的推动作用。同时，先进工具、技术在关中一带首先推广开来，对提高亩产量也有着极大的作用。赵过是西汉武帝时期著名农学家，后来被武帝任命为搜粟都尉，管理农业。赵过经过长期考察实践，总结出一套轮耕的技术，为代田法。

代田法是指把每亩田分成 6 份：3 垄台和 3 垄沟。每年垄台和垄沟互换位置以休耕,养贮肥力。沟宽 1 尺，深 1 尺，垄也如此，并且相间分布，把种子种在垄沟中，等出苗后，除去垄边杂草并翻土以培亩根。到了夏天，则垄尽而苗根已经很深。第二年互换垄台和垄沟的位置，如上炮制。代田法有 3 个优点：第一，可以实行亩内轮耕，而不需要每年或两三年休耕。第二，可以使根壮实，并能抗旱。第三，能提高单位面积产量。用代田法耕作可提高亩产 1 石到 2 石。

代田法的耕作方式得到武帝支持，首先他让赵过在太常田和三辅六田进行实验耕种，并让地方上的三老等人进行集中学习，然后由他们进行推广。这样代田法推广到了全国，并且传到西北边疆。劳动中，由于百姓缺少耕牛，赵过推广了耦犁，即 2 牛 3 人的耕作办法，2 人执犁，2 牛各挽 1 犁，1 人在前引牛。

同时赵过推广使用耧播技术。耧犁有 3 根耧足，1 人驾车，1 人挽犁，耧车 1 天可播种 1 顷田，并且行距均匀，深浅一致，出苗整齐，是播种技术的一大进步。

国家允许自耕农占有小块土地，以利于赋役盘剥。西汉初年，高祖罢兵归家解放一批劳动力，并让士兵从事农业生产。文景时期一方面继续强调发展农业为根本的国策，一方面减轻农民负担，赋税一而再地减少，甚至使用抑末政策。

当时农业经济既不稳定，又很脆弱。在社会各种因素影响下，农民拥有的土地常常被兼并剥夺。农民在国家生活中处于弱势和无势的地位，正如董仲舒所语：贫者无立锥之地，富者田连阡陌。社会贱商人，但商人已富。当时流行的俗语说："农不如工，工不如商，刺绣文不如倚市门。”(《史记·货殖列传》)农民，最主要的是自耕农是国家赋税徭役的主要承担者，武帝财政的来源。农民不仅要缴纳赋税，同时还要负担修陵墓、修河渠等任务。农业人口又被固定于一地，守法又易统计。商业则是人口比较流动的行业，同时所谓“无商不奸”，逐利的群体对统治者所提出的倡礼守法的社会风气和价值标准无异是一种挑战。商人的富有对农业人口分化转移有巨大影响，农民流动带来的社会不安定因素和价值观念的变化，国家赋役人口流失都影响到社会的稳定和国家的发展。于是汉武帝末年，经过半个世纪对工商业的领导和干预，终于又以农业为根本。

农业对汉代统治者来讲是很重要的。

西汉一户之家大约可耕田 100 余亩，共价值 1.1 万钱，则其赋役负担如下：

(1)田租，西汉初年实行什五税一，文景时代大约是三十税一，武帝继承这一规定，按三十税一计，一个农户缴纳 303 文。

(2)口赋。汉代对 14 岁以下的儿童征收人头税。武帝时从 3 岁起征，并从原有 20 钱，另加 3 钱，共征 23 钱，如一家以 2 人出口赋则共 46 钱。

(3)算赋。实际上仍为人头税，规定百姓凡年龄在 15 岁以上至 56 岁的，交算赋 120 钱。如果一家以 3

人计算赋共达 360 钱。

（4）献赋。汉高祖刘邦规定：每人每年要向皇上献钱，为献赋，每人 63 钱，一家 5 口共计 315 钱。

（5）更赋。每人从 23 岁至 56 岁，每年替郡县服役一月，也可以出钱代役，为更赋。每个劳动力每年的更赋为 1150 钱,一家 2 人服役则出更赋钱共 2300 文。

（6）戍卒。从 23 岁到 56 岁为服役年龄，在服役年龄需服役一年，在京师屯戍称“卫士”，在边郡屯戍称“戍卒”。不去服役可以出钱雇人代役，则一年出代役钱 418 文，2 人服役则每年出代役钱 836 文。

自耕农被视为西汉王朝的顶梁柱，但农民负担很重，甚而破产，一无所有。而贵族官僚的土地之争不会因为农民的破产而罢手。

淮南、衡山二王在谋叛阴谋败露之前，强取豪夺百姓土地。太子刘迁仗势欺人，带人夺取田地私用，并且命人强迁百姓祖墓，抛尸于野，惹得民怨鼎沸，但又有谁敢反抗？

汉武帝时，魏其侯、灌夫被罢官在家，丞相田蚡看中魏其侯城南良田，派人到魏其侯府，要他让出良田。魏其侯生性刚直，并且好饮酒，喜结天下侠义之士。他听说丞相要强占其田地，不由勃然大怒，嚷道：“我虽然被免官罢用，丞相虽位极人臣，但怎么可以以权势来夺人田地？”一顿臭骂轰走了田蚡的说客。田蚡听说魏其侯不给城南良田，也勃然大怒：“魏其侯也太不讲人情，你儿子杀人，案子到我手中，我一笔勾销。对灌夫所提之事，我从未驳过面子，今天要你几亩田，居然如此不讲情面。”于是田蚡设计陷害魏其侯，弄得魏其侯、灌夫妻离子散，终于得到那几顷良田。诸侯之间况且如此，又何况于百姓乎？（参见丁颖等编著：《汉武帝》，新疆人民出版社 1996 年版）

4. 兴修水利，安定社会

治水弭灾，在古代中国传统上被看作关乎“国之利害”（《汉书·沟洫志》）的首要民政，也被视为执行天的意志和国家的责任所系。武帝也不例外，他十分注重兴修水利。一旦发生水灾，武帝就委派公卿大臣负责治水。

由于重视水利，武帝一代的江河流域的灌溉工程获得很大的发展，开通了渭渠、龙首渠、白渠以及灵轵渠、成国渠、漳渠等渠道。元光六年（前 129）春，武帝采纳大司农郑当时的建议，调发卒数万，按齐人水工徐伯的设计，开凿从长安到华阴（今陕西华阴县）150 多公里的直渠，引渭水入渠通河。渭渠历时 3 年开通，溉田 1 万余顷。其后采纳河东郡守番系建议，发卒上万，引汾水入河穿渠，开发了 5000 顷荒芜地（后因黄河改道，渠田都毁坏）。又从庄熊言，开凿由征县引洛水到商颜山麓的龙首渠（施工中掘出恐龙化石，故名），以灌溉1万余顷卤地。开龙首渠用穿井法，井深130多米，井下相通行水。它开创了后代隧洞竖井施工法的先河。

武帝极为重视治理黄河。汉初60余年中，黄河比较稳定，仅文帝十二年（前168）决过一次口，旋即堵塞。武帝元光三年（前132）三月，黄河自顿丘（今河南清丰西南）改道东南流入渤海。五月，在濮阳（今河南濮阳西南）瓠子决口，再移道东南，注巨野泽通淮河、泗水，泛滥成灾。武帝即命主爵都尉汲黯、詹事郑当时发卒10万修堵，几次堵塞，几次冲决。河东南受灾，河北的鄃却得益。封建国家的经济亏损并不一定直接影响统治阶级的部分或个别成员的利益。鄃县（今山东平原西南）是当政的丞相田蚡的食邑，他为自己利益考虑，也竭力支持武帝兴修黄河决口。直到元封二年（前109），武帝派遣汲仁、郭昌发卒数万大治黄河，至此决口二十多年的黄河终于被堵塞，此后，梁、楚之地再不受河灾了。武帝还治理陕西的褒水、斜水，在两水之间做长达250多公里的褒斜道。

武帝亲临瓠子治河，有很大的象征意义和号召力，水利灌溉事业因此普遍展开，迅速发展。“自是之后，用事者争言水利。朔方、西河、河西、酒泉皆引河及川谷以溉田。而关中辅渠、灵轵引堵水，汝南、九江引淮，东海引钜定，泰山下引汶水。皆穿渠为溉田，各万余顷。它小渠及陂山通道者，不可胜言。”（《史记·河渠书》）太始二年（前 95），武帝采纳赵中大夫白公的建议，引泾水开凿 100 多公里的长渠，即为著名的白渠，溉田 4500 余顷。

武帝兴修水利有明显的经济目的。一是要便利漕运，损漕省卒。二是灌溉民田，增加土地肥力，改善生产条件。三是备旱消灾防灾。概括而言，是令民勉农。郑当时开渭渠的建议说得很明确：“异时关东漕粟从渭中上，度六月而罢，而漕水道九百余里，时有难处。引渭穿渠起长安，并南山下，至河三百余里，径，易漕，度可令三月罢；而渠下民田万余顷，又可得以溉田：此损漕省卒，而益肥关中之地，得谷。”（《史记·河渠书》《汉书·沟洫志》，文稍异）元鼎六年（前 111），左内史倪宽奏请穿凿六辅渠，武帝说：“农，天下之本也。泉流灌寖，所以育五谷也。左、右内史地，名山川原甚众，细民未知其利，故为通沟渎，畜陂泽，所以备旱也。……令吏民勉农，尽地利，平徭行水，勿使失时。”（《汉书·沟洫志》）所谓“令吏勉农”，实际就是要稳定和巩固小农经济，发展全社会的农业生产，并使小农勤于耕织，安土重迁，不致饥贫破产，卖妻鬻子，成为流民，亡逃山林。

武帝之重视治水，除了出于代天行道的传统观念，还基于对水利所具有的国计民生意义的认识。应当说，武帝达到了兴修水利的目的。水利事业的发展，对安定社会秩序和生产秩序起了相当程度的促进和保证作用，封建国家得以不失时地向小农榨取劳动产品钱粮帛。朝廷大获其利，农民也稍受其益。《汉书·沟洫志》说白渠使“民得其饶”，民作歌赞之说：

田于何所？池阳、谷口。
郑国在前，白渠起后。
举臿为云，决渠为雨。
泾水一石，其泥数斗。
且溉且粪，长我禾黍。
衣食京师，亿万之口。

歌中所述是一幅生动的勉农图。灌溉工程肥沃了土壤，农民力田勤耕，增加了收成，供给了京师的粮食。吏民勉农，民得其饶，就业安居，社会问题减少，部分地缓和了社会矛盾（参见罗义俊著：《汉武帝评传》，上海人民出版社 1988 年版）。

5. 与民争利，控制工商业

“工商食官”是商周以降的工商业政策。西汉初创时虽然重农抑商，但却没有抑制商业发展。经文景之治后，富者可敌诸侯，又向诸侯借贷以换取政治上的支持，同时宾客千计，联结乡党成为地方豪强势力。

豪强势力在地方的兴盛，加上汉中央连年对外征战开辟疆土，国库盈余已经荡然无几，并且汉武帝巡游封禅所耗巨大，故此开源节流势在必行。于是在武帝时工商业风气急转，国家参与其中，“与民争利”保证国库所需。

汉武帝与谋臣几番商定，不能任由商人将钱从商场上“白白”拿走。于是，一套国家干预商业活动的政策出笼了，大体上遵循 3 个方面：第一，市场规制行为。在这个方面，国家以立法者和执法者的身份，对市场进行一些调整和规范。于是有了均输、平准制度，有效地扼制和操纵了市场行为。第二方面是市场主体。国家作为经营者面孔出现在市场，其特殊地位不言而喻，从某种意义上讲这是一种非公平的竞争行为。如国家对一些利润丰厚的行业垄断性经营，私有者处于弱势地位，最终国家由垄断经营到独占经营，它的负影响很快就会反馈出来。例如盐、铁、酒 3 类专卖制度。第三方面是国家提供公共服务，对基础设施之类，大型工程只能由国家承担，这些基本上是微利或者是投资周期长、见效慢或者根本上就是投入性项目。于是，形成了交通网络。西汉时期交通比较发达，并有管理制度，这样有利于地区间商业流通和文化的传播，一个大一统国家日益巩固形成。

西汉时期工商业有了巨大发展，这种发展在某种意义上讲是对重农抑商政策的一种突破。西汉时期除了告缗政策和迁徙商人豪富的强行政策外，大多还是比较讲究市场规律的、温和的政策。另外一些商人出身的官吏，如东郭咸阳、桑弘羊等，对西汉财政收入起了极大的作用，以商制商政策取得了一定的成功。

《周书》曰：“农不出则乏其食，工不出则乏其事，商不出则三宝绝，虞不出则财匮少。”所说四者都是百姓衣食父母，上可以富国家，下可以富百姓，但工商就要求经营有道了，故此经营有术者才能致富平家。

西汉工商业在高祖时由于战端刚息，故而休息民力，抑制商人，不准商人乘车、穿丝绸。到惠帝和吕后时，这种法令已经松弛了，但仍有不准商人子弟做官的限制。而此时民力恢复，天下富饶，出现了一派欣欣向荣景象，同时四方货物各自生产，相互流通，取其利润者便能迅速致富。

早在西周，称手工业为“百工”，西汉时手工业种类更加繁多，大都市有酿酒业、制酱业、屠宰业、造船业、编竹业、造车业、木器业、漆器业、制铜业、铁器业、采矿业、纺织业、制革业、采盐业、运输粮粟业、制皮业、编席业等。

工商业的繁荣也取决于一些善于钻营，同时也可以说很小气的商人，他们从事各种各样的行业以逐利。在各种行业中尤以盐、铁经营最有吸引力，凡大户巨富十之八九都是煮盐、冶铁出身，并善于推销的。

大铁商蜀中卓代，他的祖先是赵国人，秦灭赵以后，强迫一些赵国人举家迁向四川。赵国人到达目的地后，许多人想方设法住在城镇旁边，为此不惜贿赂官吏。而卓氏之祖则截然不同，主动要求到偏远之地居住，夫妻2人推着辆小车举家迁往山区，到地方后才解释道："我听说此山中有铁，可以冶铸和百姓交换，从此子孙不愁吃穿矣。"果然到卓代这一代，由于冶铁，家世兴旺，越来越富足，家里仆人大约有800人，同时买地千顷，围场射猎，和封侯一样生活。

程郑也是冶铁的大商人，他的富庶超过了卓代。后来汉廷回收盐、铁经营权，在盐、铁官营的市场打击下，这些大商人一个个家道中衰，最终败在了"国家"手下。

工商业对财政收入来讲无疑是个巨大财源，汉武帝时期国事频繁，大战不断，故此汉初六七十年的积累已经荡然无存。而且农业的生财极其缓慢，农民势力很脆弱，故此西汉农民负担基本上已呈极限之势，引发社会矛盾尖锐，农民起义不断，由此国家不得不另辟财源，以支持武帝巨大的财政支出。于此时，武帝任用的主管财政的官员大多商人出身，精明干练。

他们对于工商业熟悉，善于解决财政困难，如东郭咸阳、孔仅、桑弘羊的财政措施也的确起到了效果。所以他们的命运要比武帝在位时12位丞相要顺利、安全得多。其中桑弘羊更为典型。

武帝时期财政危机主要是国家内外大事频繁，所耗甚巨引发的。

武帝时期开发疆土耗资亿计。武帝即位不久，由于“七国之乱”，吴王刘濞的儿子逃到闽越，唆使闽越王反叛，攻打东瓯。汉军在严助、朱买臣建议下攻打闽越。由于道路艰险，加上闽越人作战强悍，几战无功而返。故此，武帝命令把其族人悉数迁往江淮之地，让闽越空虚，以此来防止它们谋反。但这样不仅因为军事耗费甚巨，加上大量的迁徙、安置，要提供生活所需，故而江淮一带官库大多财力匮乏，已然空空无所余。同时司马相如开拓西南夷，修筑西南驰道，征用巴、蜀、广汉三郡士卒几十万人，花费两年时间却半途而废，但开支以千万计算。于是武帝便派司马相如为使，以财物来联络西南夷，双方同意罢兵撤卡。武帝大悦，以后又伐兵攻占朝鲜，置沧海郡；北边匈奴频繁犯关，战事不断，武帝着大农令筹措财货，全力供给，又令卫青率10余万士兵北伐匈奴。卫青号令三军曰：凡捕杀匈奴士卒者按数量功劳大小依次赏金，以此来鼓励士气。结果大获全胜，所赏士兵黄金共20

万斤，但同时汉军也损失严重，士卒马匹战死者10余万。而后方漕渠运输供应不上，还耗资颇多。其后大将军卫青又一次攻打匈奴，获赐黄金50余万两，汉军马死伤10余万匹，后勤供给已经匮乏，士兵已很长时间没有领到俸禄。

张骞凿空西域之后，西汉政府对西域所花费物资钱财不可计算，才奠定了西域道路的畅通。武帝时欲求大宛之汗血宝马，不惜大动干戈，所费甚巨。太初元年（前104），李广利奉命率几万人攻打大宛，所到之处，各国坚壁清野，汉军缺衣少吃，又攻城不下，左右将士劝李广利回兵。故此李广利返回敦煌，士卒所剩不过十之二三，花了两年时间，匹马未得。李广利上书武帝，要求休整一段时间再发兵。武帝看完奏章之后，勃然大怒，下诏给李广利说："如果敢有士卒入玉门关，皆斩头。"故李广利屯军于敦煌。

后来武帝下旨赦免罪犯强盗和无行少年共6万人，开赴敦煌。后勤准备了牛10万匹，马3万匹，以及万石数的粮食，以及无数的兵刃弓箭。天下动员，全力支持，征发戍守士卒大约18万人于酒泉、张掖以北及居延、休屠等地。运送粮食的车、船、人等连绵到敦煌，最终汉军进攻西域，才攻克大宛城。由此可看出来，武帝开疆拓土，连年转战所耗费用无法估量，对汉代财政无疑是一项沉重的负担，所以很多地方政府基本上是收不抵出了。

汉武帝屡次北巡，到北边道布兵示威，但由于随从官员过于庞大，对地方压力不小。北巡时，因为支付不起费用，陇西太守自杀。同时，汉武帝还东巡大海，登泰山封禅，巡察山河，而所需费用皆出自大农令。

武帝时期，灾害不断，黄河决口，水灾范围达方圆 1000 多公里，几年颗粒无收；要救灾赈济贫民，地方已经不能承担，从巴蜀调集粮食也如杯水车薪；于是迁民边塞，所需费用对本来不宽松的国家财政开支无异于雪上加霜。

故而解决财政困难已是迫在眉睫，对于工商业管理，汉武帝已有另外的考虑，就是消除地方豪强结连党羽，翦除诸侯国恃山林池沼之利而飞扬跋扈之气。

文景时期宽松的经济政策中，出现了一批富可敌国的商人，大有超过诸侯之势。秦汉时列侯封君，千户之君则年收入 20 万两，一年中所需各种费用都包括其中。而百姓工商等，拥有上百万资产，收 20% 的利息，则年收入就达 20 万两。如养马 50 匹，牛 167 头，羊 250 头，或养鱼千石，或种千亩竹等，都可以富比诸侯。酷吏宁成遭大臣攻讦后，逃回故乡放高利贷，几年后家产几千万，并在乡里任侠作为，公开评论官吏得失，出入带着几十人，并且支配数千家，百姓只知有宁成，不知有郡守。

武帝时，皇族所需费用皆出自大农令。关东大灾，贡禹建议削弱皇族费用来赈灾。他对武帝奏曰（大意）："根据先祖古训，历代圣贤帝王都很注重自己后宫，宫女不过9人，养马不过8匹。而本朝高祖以来都力行节俭，故有昌盛。但如今诸侯逐利，浪费盛行。现在关东大灾，请陛下减宫室用度一半，命令太仆减少养马，水衡减少上林苑猛兽的肉用。同时官府所有奴隶10余万人无所事事，请移民边塞。"（参见《汉书·贡禹传》）武帝同意并拔其为御史大夫。

庞大的财政开支已不是农业所能承担得起的。开辟新的税源和财源已刻不容缓。为应付支出，武帝采取了一些措施，有开辟税种，有暴力掠夺政策，也有鼓励奉献政策，表现出一种临乱救急的状态。

如入羊为郎政策。西北攻打匈奴频频获胜，但后勤供应乏力，于是武帝建议，鼓励百姓移民边塞。移民政策规定：如果出身是奴婢，自愿前往边塞，恢复其自由身份，终身不得再为奴；如果本来即为自耕民，或有爵禄，则依次加爵；有向边塞运输粮食者，按数量赐给爵位；同时鼓励向政府义务献财产政策，典型则是卜式，自愿献出一半财产，得到武帝赏识，加封职位，卜式不受，武帝让其列上林苑为帝耕牧，并在全国树其为楷模，后来官至御史大夫。

又如以钱赎罪政策。武帝时大臣、百姓均可以用钱赎罪，或减免其刑罚，赎钱50万即可减死一等。博望侯张骞获罪后用钱赎为阿姓，而司马迁替降匈奴的李陵说了几句公道话，触怒了武帝，被罚腐刑，却因无钱赎罪惨遭酷刑。

还有武功爵。武功爵即让百姓出钱购买官爵。武功爵共17万个，总价值30余万两黄金。武功爵一级造士，二级闲舆卫，三级良士，四级元戎士，五级官首，六级秉铎，七级千夫，八级乐师，九级执戎，十级左庶长，十一级为军卫。当时卜式则被赐军功爵十级左庶长；而桑弘羊主管财政40年，功勋彪炳，故而也得赏左庶长爵位，武功爵和旧时20等爵类似，都有一定特权。如买得武功爵第七级千夫，相当于20等爵第九级五大夫，都可以免除徭役。

以上政策，无论从哪个方面讲，都有一定局限性，对解决财政危机来说杯水车薪，对国家官制是一种冲击，对阶层分化是催化剂，而农民负担越发沉重了。它们不过是权宜之计罢了，对财政危机只能起到稍微缓和的作用。

真正使国库充盈，在很短时间暴富起来的则是对工商征税和对工商业经营者没其家财所致，即算缗、告缗。

武帝对匈奴3次大规模讨伐后，匈奴势力已消，经常有1万余众匈奴人来降，武帝将其安置于关中一带，并赏给财物。关中来降匈奴部众的供养全仰地方。匈奴浑邪王降汉，率军号称 10 万。武帝接之长安，封侯、赏钱共达数十亿钱，关中不足，武帝不得不从自己的御膳中供给，同时减少出门乘车马匹，从自己私产中拿钱赡养之。而此时民风舍本逐末，种田农民已大量流散，商人却遍地皆是，引起公卿大臣不满，纷纷律议按古时律法对商人征税。

元狩四年（前 119），武帝同意对商人征收算缗钱。算缗是首先确定从工商业寻找解决财政危机办法，它包括对商人的财产征税，也有抑商、贱商含义。然而，商业的繁荣使工商业税收增加，为解决财政危机提供了可能。商人所负税种，大致有包括口赋、算赋的人头税，还有财产税、更赋，以及市场交易与管理的各种税收，并且要求商人以货币形式缴纳各种税收。税收体系并未使商人破产，反而促进了商业的繁荣。汉代洛阳、邯郸、临淄、成都、宛、江陵、番禺等地都成为名噪一时的大都市。

对于商人毁灭性的打击是杨可告缗、张汤峻刑和杜周治狱，所牵涉者以万计数，商人破产已成普遍现象。

算缗施行不久，各地富豪之家纷纷隐匿钱财，背卜式之行，虚报不实。此时正值北伐匈奴，关东水旱灾害严重时期，故大夫张汤奏请皇上，实行告缗令。所谓“告缗令”，指针对商家大贾对自己财产申报不实的情况，如果经人告发，查验正确，则人即没官、财产充公，并同时分一半予告密者。法令一下，人们争相投告。时长安有一人名杨可，在城门得知布告文，心中窃喜，连夜告发其邻居不法，所查属实，得其一半财产，并被任命主持告缗事务，即所谓“杨可告缗”。

张汤认为只有告发，不加强经济打击，地方豪族不会心甘情愿受缚，乃制法令。张汤奏请武帝准许打击豪族，并任用酷吏杜周来执法告缗事宜。

杜周以治狱严峻而闻名，并且能够察言观色，揣摩武帝心思，武帝如果讨厌这个官员，则背后说其坏话，如果武帝想治某人罪，他总会千方百计来陷害，将其屈打成招来向武帝邀宠。故杨可告缗一下，所牵累之众前所未闻。凡拥有中等收入以上的商人大概都遭密告，被捕入狱者达万人之众，整个狱中都是惶惶不可终日的商人。有的倾家荡产赎回了一条性命，有的挨不过折磨，死于狱中。

是时，杜周门下宾客对其治狱，大有质疑之意：“大人执法，应按律令，怎可以随意行事，岂不草菅人命吗？”杜周听后大笑：“诸公不知啊，我所行之事上承天子之意，何用三尺律令？天子乃上帝所命，他的意志岂非三尺律令？况且天子之言金科玉律，岂不赛三尺律令，故我乃奉旨行事，诸公不懂矣！”（参见《史记·酷吏列传》）

杨可告缗遍及天下，得民财物以亿计算，奴婢以千万数，所获良田大县有数百顷，小县也有 100 顷之多。因此中等家庭以上的商人大多破产，而国库却异常充足起来。

大司农设水衡官本来打算主管盐、铁，杨可告缗之后，转而用之管理告缗钱。上林苑财物为之充斥，武帝极为高兴，忙命人修建昆明池，昆明池四周修建亭台楼馆。并修建柏梁台，高达 100 多米。此时传来信息——东越想谋反，武帝哈哈一笑，“我何忧之？”遂命人治水军，修建战船，高几十米，船顶插绣旗，命水军在昆明池操练，其形势极为壮观。汉军水陆两路开进东越，很快就征服东越，取得了胜利。其中可见告缗钱的功劳吧！

杨可告缗实行一段时间后，桑弘羊主管财政，废止了告缗令。一方面，桑弘羊自己是商人出身，谙熟市场规律。以经济措施取代超经济强制是必然的，同时告缗法竭泽而渔、杀鸡取卵的办法也只能是短线政策。另外一方面，桑弘羊所主管的一系列财政政策基本上可以保证政府收支平衡，满足了武帝开支，故此可以废除告缗令。第三方面则是存在反对势力的压力。这种反对势力来自两个方面，其一是有“黄老”思想的大臣认为君主安本伤末，天下就会大治，汲黯治吴即采取如此政策。其二是一帮儒生要求重农抑商，反对舍义逐利的社会风气。而商人也群起反对告缗令。商人出身的大农令东郭咸阳、大农丞孔仅因为表示对商人征收算缗过重以至商业不再如此前繁荣，同时告缗令使大多商人破产，因此请罢。皇上很不满意，不久就以桑弘羊取代了他们。

武帝时期对经济领域的干预政策对后世产生影响最大的莫过于五铢钱。五铢钱在铸造前，汉货币制度有很长一段时间的混乱期，一方面是铸钱重量不一，同时铸钱的限制过于宽松，所以汉前期货币更迭频繁；另一方面也为商人逐利提供了条件，影响了物价稳定和财政收入，扰乱了百姓的生活。

汉武帝即位之后，几年北战南征，开疆拓土，加以灾害频发，财政困难，武帝和大臣们商议解决办法，张汤出班奏请使用皮币。当时上林苑中有白鹿而少府多银锡。并且从文帝起使用四铢钱已经 40 多年，民间仿造不可胜数，货物少而价昂贵，即为通货膨胀。张汤说："古制皮币，诸侯朝聘使用。而金有三等，黄金为上，白金为中，赤金为下，如今通用半两钱重四铢，仿造之徒把四铢钱上的铜磨掉，这样使钱轻而物贵。如果使用白鹿皮，每幅一方尺，周围绘上五彩花纹，可价值四十万，诸侯进见或参与祭祀典礼，也要用皮币裹着玉璧才能进来。"（参见丁颖等编著：《汉武帝》，新疆人民出版社 1996 年版）

同时又使用少府中藏有的银锡，制造银锡白金。古制认为天用莫如龙，地用莫如马，人用莫如龟，故白金三品：其一重 8 两，圆形，花纹是龙形，名“白撰”，价值 3000 钱；二以重差小，方形，马形花纹，价值 500 钱；三为最小，椭圆形，龟形花纹，价值 300 钱。武帝下诏命令县令收回半两钱加以销除，重新冶铸三铢钱，重量和名称一致。如有私人铸币者，一经发现处以死罪，但仍有成千上万人盗铸钱币。

天下盗铸钱者不可计数，吴地尤为猖獗，武帝派汲黯前往治理，几年之后，盗铸被禁止，但其他地方依如往昔。张汤、杜周等人使用严刑峻法对付盗铸，遭到大农令颜异的反对。刚开始造皮币时，武帝问及颜异，颜异回答说：“诸侯朝见皇，携带璧玉，价值几千钱，而白鹿皮则价值四十万，这使本末不相称。”武帝就很不高兴，加上颜异与张汤有隔，后来张汤因颜异一招之错处死颜异。从此也无人敢论是非了（参见《史记·酷吏列传》）。

三铢钱实行一年后又被迫停下来，恢复了半两钱。元狩五年（前 118），武帝下令停止施行半两钱，正式公布五铢钱。因为白金轻贱不易流通使用，故而废止。武帝诏令民间，严禁私人铸钱。所铸五铢钱重 2.9 克，形制和以前钱币不同，钱边上有凸起的“郭”，中间穿缗绳的方孔四周也是凸起的，无法磨取铜屑。然郡国所铸五铢钱仍不合格，使用不便，故元鼎四年（前113），武帝下令改革币制，禁止郡国私铸五铢钱，令其上交铸钱以熔铜。并令上林苑水衡都尉所属钟官、辨铜令、技巧令分别负责铸造、审查成色、铸币技术工作，称为上林钱，或曰“三官钱”，天下非三官钱不得流通。同时加强对铜矿集中管理，保证五铢钱的含铜量及质量。到此，民间想盗铸五铢钱已不是容易的事了，不仅五铢钱有方郭保护铜屑，且制造成本极昂贵，所以盗铸之风日益衰落。

五铢钱不仅实现了货币发行权的统一，其防伪等措施也极其高明，保障了市场流通，也保障了公平交易，抑制了一些以盗铸钱币而暴富的不法之徒的行为。同时货币统一和稳定又使得汉代经济繁荣发达。

铸钱之外，西汉时铜器生产规模比战国要大，错金银、鎏金等工艺更有提高。铜器主要有家庭用品、工艺品和铸钱。武帝禁止私人和郡国铸钱后，冶铜控制在政府手中，其工艺相当发达。

纺织业在汉代是技术比较先进、规模也较大的手工业部门，也是民间最普遍的行业。张骞凿空西域之后，西汉丝织品远销到波斯和欧洲，外国人称中国为“东方丝国”。西汉时劳动人民对麻的脱胶，对麻布的漂白、浆碾以及防腐等加工技术都已达到较高水平。

武帝、宣帝时，造纸术的发明已见雏形。其原料大多是大麻纤维。西汉时已经出现简单机械，长安巧工丁缓能做七轮大扇，七轮相连，一人运转，满堂寒战。汉之造船业发达，能制造长20米，宽七八米，载重二三十吨的大船。

然最具汉武时代特色的是冶铁、煮盐、制酒3个行业。

西汉时期冶铁业很发达。开矿地点大约有60多处，其冶铁最发达的地方为临邛、宛、鲁。其生产工具、兵器和生活用具都已普遍用铁制造，铁器已经渗透到人们生活的各个领域。起初冶铁业可以私人经营，国家收税，故而有一批以冶铁而发达的大商人、大手工业者（参见丁颖等编著：《汉武帝》，新疆人民出版社1996年版）。

西汉出现财政危机后，武帝就使用以商治商的办法，任用东郭咸阳为大农令，孔仅为大农丞。东郭咸阳是齐地有名的大盐商，孔仅为南阳大铁商，2人都精通理财，以致家产千金。大臣郑当时向武帝推荐2人主持财政，领管盐、铁事业。

官府设铁官管理冶铁事务。盐铁官在秦代就有，大史学家司马迁的祖先就做过秦铁官。东郭咸阳、孔仅上任后，首先要求将武帝少府产业并入大农管辖；“自然资源是一种宝藏，都属于少府管辖，请求陛下大公无私，把少府管辖转与大农，以身做表率。再招募百姓进行煮盐，官府提供锅、盆，制成后由官府给价收买，全部归官有，对敢私自铸铁器、煮盐者，断其左脚趾，没收其工具，并设立铁官，如果郡县不出铁则设小铁官，实行盐、铁专卖。”武帝听后，大悦。便派东郭咸阳、孔仅坐车到各郡县宣传盐、铁专营政策，并且挑选铁官、盐官。东郭咸阳、孔仅所任盐、铁官员基本上是各地大盐商、冶铁商人，他们对盐、铁业很是熟悉（参见商炜著：《雄才大略汉武帝》，河北人民出版社 2001 年版）。

武帝时期把私人垄断的盐、铁收为官营，全国设铁官的地方有 49 处，此政策到西汉末年也未变更。

冶铁专营，设有铁官加以管理，在冶铁过程中要求有一套专门的业务技术，有专门铁匠做技术指导。当官府冶铸的成铁运输时，也有专门的协作管理。由产铁区域设有的中转机构负责，并且按运输目的地人口数和田亩数算出应予供给的盐铁，同时消费地区也必须按要求调入，不得私自煮盐冶铁，并要求自己组织运力、工具，向民间分派，有钱有地位的人家依次按地段分担运输，减少私人转运的可能性。

铁器的销售则要由官府设专卖点，派人负责专卖事务，价格统一规定，不提价。铁官一般有令、丞两职，还要负责废铁回收。铁官的职位极高，俸禄一般都在 2000 石以上，管辖工场几百亩，采用联合生产方式，分工细致，专门化较强。铁器以武器和农具为主。

铸铁生产过程中，劳动力主要是“细民”“流放人民”。细民是和豪民相对之语，由于从事农业，其人身比较自由，也可能是原来从事铸钱的劳动者，由于武帝严厉打击盗铸钱，故而改行。细民是从事冶铁者中最大规模的劳动者。而汉政府同时也把流放刑徒罚到矿山进行强制性劳动。西汉吴王刘濞招“亡命”进行冶铁煮盐，“亡命”则是那些没有户籍的人口，他们依附于地方豪强大族，故而随着盐、铁官营，他们也日趋没落了。

盐业专营，是和铁专营同起的，盐类与日常生活极其密切，以经营盐业起家的大富豪也是极为多的，所以政府也要控制盐业。

盐业专营在某些方面不同于铁业专营。对煮盐业，西汉政府采取由百姓煮，官府全部收购的方法来实行盐业专营。并且提供锅、盆等工具，百姓基本上是自负盈亏，日常费用自理，成品盐才能兑付成本和利润。盐业运输和铁类似，必须确保官府专营。

煮盐业设有盐官，分令、丞两级。全国共有 36 处设盐官，盐价大约为 5 石粮换 1 石盐，并且不准私自提价（参见丁颖等编著：《汉武帝》，新疆人民出版社 1996 年版）。

当初李广利征伐大宛，耗时数年，举国皆动，所费不可计数，影响财政出现危机。少府官员向武帝建议，认为当今百姓嗜酒成风，浪费粮食，也不利于社会稳定。因此如能设酒榷，对酒进行专卖，获利可以负担边境所用。少府的建议引起大地主、大商人的广泛反对，他们提出增加对百姓征税，如设“助边费”，每个收 130 钱，企图把负担转移到百姓头上，武帝未予采纳，于天汉三年（前 98）推行酒类专卖政策。

酒类专卖称为“榷酤”“榷酒酤”“酒榷”，榷乃“独木桥”之意，指官府专卖。设斡官，统管酒类专卖之事，在每郡县设酤榷卖酒，不许百姓私自酤。酤指生产流通的控制。当时酒类由于酒度低，极易变酸，不容易保存，只能在生产地卖，设酤榷也就控制住酒类的生产与流通。酒类销售仍是私商经营，政府监控，加以重税，使私商的大部分利润被征走，酒成为微利商品。

酒类专营办法比盐、铁更加灵活，政府允许有专供商，他们可以向政府提供陶瓮，作为榷酤卖酒的器物。政府也可以利用私人酒坊，向私商提供原料，采用加工订货办法，给予一定报酬，作为政府自己酿酒的补充形式存在。

酒类专营节约了大批粮食，同时对社会风气也是有利的调节，又避免了向农民征“助边费”来缓减财政危机，却把边境负担加到了有钱人身上。酒类专营后来遭到贤良文学人士等反对，政府做出了让步，废除酒榷。

酒类、盐铁专卖政策都引起极大反对，反对势力主要基于先义而后利，以道德说教为中心的唯心观，同时也渗入中国传统的“不患贫患而不均”的大同理想主义。董仲舒反对专卖政策，同时也对社会贫富不公表示强烈的不满。

官营政策，解决汉武帝以来由于大一统所带来的财政赤字问题。伐匈奴、开发西南夷、两越和朝鲜问题、赈济灾民、武帝巡视封禅等皆有赖于大农供给，可想而知，三类行业专营对财政有多么大的支持。

官营政策也有其不利的影响。由于对盐铁的垄断性经营，导致产品质量大幅下降，即所谓质次价高现象。铁器专卖点都是远离农民居住区，并且与修理业务在一起。为了推销铁器，一些官吏采取强卖强派做法，引起极大民怨。肩水都尉彭宁告假回家，办理父母丧事。他了解到农民对盐、铁的反映，有的农具脆硬，以致使用不久便坏损。彭宁认为盐、铁专营，有严明规定，服役的人和刑徒的衣食由官府发给，他们铸造铁器时，由官府提供工具和原料，而铁器质量就与他们关系不大，同时他们与百姓也没有关系，故而铁器、盐的质量成为突出问题。官盐质次价高，比私盐价还高，百姓买不起盐，只能淡食，对身体有极大影响。

盐、铁专营政策从理论上看有一个极大缺憾，那就是所有盐、铁、酒专营为财政赤字所消费，换句话说，专营政策是为了聚敛钱财，提供消费之用，而并不是用于扩大再生产，使财富增值。如此恶性循环，生产领域的“皇帝女儿不愁嫁”，产品质量就成问题；流通领域独占垄断，消费者处于弱势地位，无选择权利，同时农民、工商业经营者购买能力随着负担增加而减弱，武帝时期那种繁荣就只是泡沫景象，很快成为过眼烟云。

在这片烟云中，推行盐铁专营的东郭咸阳、孔仅由于对商人征算缗钱表示不满，先后被罢官。桑弘羊取而代之，成为武帝时期最为杰出的理财改革家。

桑弘羊是极具才能的财政管理者和改革者，辅助武帝达 40 多年，而地位稳如磐石，从容处理各种财政困难，赢得武帝绝对信任。卜式输家财入官而被封至御史大夫时，一次因天小旱，武帝命人求雨。卜式说：“如今天不下雨，是因桑弘羊让官吏经商逐利，所以只有用大锅煮了桑弘羊，天才能下雨。”武帝听了不悦，不久反而拜桑弘羊为御史大夫，位列三公，可见武帝对桑弘羊的信任和重视。

6. 四通八达的西汉交通

西汉时期大规模发展交通是其国势所趋，也离不开最高领导层的决策和支持。丝绸之路的开辟，不仅是张骞凿空那么简单，贰师将军出兵大宛、轮台屯田等都为丝绸之路的畅通付出了沉重代价。然而回报也是价值不菲的，由此而论，发展交通是势在必行，也是富有文化价值的。

西汉交通发展也非同以往，中规中矩，并有均输管理制度。政府鼓励私人长途运输政策，也表明交通运输业在西汉并非一种无序行业，而是国家的公共事业。

在全国开辟的交通网上，车舆船楫，各具风流。无论种类，制作技术或数量上都达到繁荣的地步，动辄千数，其规模也蔚然壮观。国之军事征战，移民戍边，帝王巡视，求赈灾民无一离开交通网，从而产生人们供祀的路神和行神，祖道之仪在西汉随之盛行。

汉承秦制，汉的道路建设大体是沿袭了秦代，同时在一些主干线上增加投入，大规模征发百姓修建，而后频繁使用。

武帝时修建了北边道。战国时期，北方秦、赵、燕各修长城，其中赵武灵王“胡服骑射”北掠胡地，不仅修建长城防务工程，同时也注重边道修筑。以使加强边地防务。秦统一后，派大将蒙恬驻河套地区屯田，北修长城，把战国的各国长城联结起来，西起敦煌，东到辽东，全长逾万里。而北边道大致和长城一线平行，形成了坚固的防御体系。

西汉初期，对匈奴处于守势，汉武帝时期已不满足于在长城守戍防卫、向匈奴请求和亲，故而北伐匈奴成为国策。所以武帝大力拓展北边道,作为军队集结、后勤保障的枢纽。又设朔方郡，拓展了从陇西到辽东一线的北边道。

北边道西起陇西，历经上郡、西河、五原、朔方、九原、甘泉、碣石一带，成为北方重要的军事布防区。汉武帝高度重视北边道，不断派人巡视，武帝后元二年（前 87）派左将军上官桀巡行北边道。武帝本人也亲自巡视北边道多次。元封元年（前 110），巡察北边道西段，同年又巡视了北边道中、东道段。元封四年（前 107），再一次巡视北边道。元封元年，汉武帝北巡

朔方郡鸡鹿塞遗址

北边道是历次规模最大的，亲自率领18万兵士渡黄河，向西开往陇郡，又出萧关，率几万兵士在新秦中打猎。行猎中，武帝发觉北地太守玩忽渎职，新秦中千里之地居然没有御边备用亭、驿站等。武帝大怒，下诏诛杀太守以下所有官员，采取紧急措施加以补救，如让百姓养马，调用告缗所得充实新秦中等。可见北边道所受重视程度。

武帝时期，汉军数十次利用北边道运动和集结汉军主力，由北边道各郡出击匈奴，其中多路同时出击的战役有11次，承担着北边防务的重任（参见丁颖等编著：《汉武帝》，新疆人民出版社1996年版）。

北边道也是条商道，它是丝绸之路向内延伸的通道，西域商旅来往不断。桑弘羊提议入粟为吏政策，鼓励内地商人长途贩运到北边道，北边道繁荣一时。

并海道，又称“傍海道”，指沿着渤海、黄海海岸到辽西，辽东，又东南行，渡过清川江而抵朝鲜。并海道所联系的沿海地区，计有18郡国，占西汉时103郡国的17.4%，民户则占全国总数的20.8%左右，人口占全国人口总数的19%左右。并海道所联区域以齐地为重要。刘邦除掉韩信之后，群臣朝贺，大臣田肯提醒刘邦注意齐地。警告刘邦，非亲子弟不能分封齐地为王。齐地尤以沿海的琅邪、即墨、渤海等地区最为富庶。

并海道以陆路交通联系沿海一线港口，故可以海陆并举，是西汉时最发达的交通线。元封五年（前 106），汉武出游，沿并海道北上，并登泰山而封禅，命沿海 16 县设祠祭之。并海道也是武帝征伐朝鲜时的主要进攻线。

建元六年（前 135），武帝派大将王恢进攻东越，王恢派使唐蒙出使南越。唐蒙通过向商人了解，得知夜郎国和南越通，于是上书武帝要求通西南夷，进而出奇兵战胜东越。夜郎国郡王想得到汉绵，故而和唐蒙约定，开凿道路，后司马相如发士卒几万人开通西南夷。

名闻天下的丝绸之路，也是在汉武帝时打通的。伐匈奴之初，为了联络大月氏，张骞出使西域，西域和汉的交往由此展开。张骞凿空为中西交通留下了著名的丝绸之路。

开拓和保护丝绸之路，也让及桑弘羊花费了不少心血。他们采取屯田办法保障驿路供应，又在边境养马，同时引进西方各种奇畜以供力役之用。武帝盛情款待西域使者，同时向他们展示西汉的富足，以便实现同西域的密切联系。另外武帝也采用强硬手段打击西域不驯服之国，向大宛索要汗血宝马便是一例。“胡萝卜加大棒”的政策保障了丝绸之路的通畅。

除上述丝绸之路外，经四川、云南到印度再转而西向欧洲罗马的古道，称为“西南丝绸之路”，由于途经云南保山永昌郡，又名“永昌路”。

西汉水路交通包括天然河流，人工河渠和海运三个部分，构成网络。据《汉书·地理志》载：天然河流，有黄河及支流沸河、漯河，可以通航。有淮河发于大复山，即秦岭，流经泰山、汇入东海，支流有彭蠡泽、震泽、三江汇入。有发源于唐古拉山脉的长江，支流有嘉陵江、乌江、湘江、汉江、赣江等汇入。

西汉时水陆交通相间，而水路则更便利。武帝时修水利而漕灌，大小不可计数。治黄河决口于瓠子口，修漕渠，龙首渠，六辅渠等，有人上书武帝要求修褒斜道，武帝把这件事交给张汤办。张汤问起此人，他答曰：“要到蜀郡从故道走，但故道多高低起伏的坡路，来回曲折路远。如修建褒斜道，不仅坡少，而且路近400里，因为褒河通沔河，斜河通渭河，都可以航运。漕运可以从南阳经沔河进入褒河，褒至斜仅100余里，以车运输可到渭河。这样，可以把汉中谷物运出，同时褒斜地木材竹很丰盛，可以和巴蜀相提并论。”武帝听完张汤汇报后点头答应修褒斜道，下诏令张汤儿子张卬为汉中太守，领几万人修褒斜道250多公里，果然路近了很多（参见丁颖等编著：《汉武帝》，新疆人民出版社1996年版）。

时又有海上丝绸之路，《汉书·地理志》记有从番禺，即广州，经南海通行到东南亚。其中番禺从内河可以和西南夷进行产品交换。从番禺出发船行 5 个月，到达都元国（今印度尼西亚苏门答腊岛东北部），再行 4 个月到邑卢没国（今缅甸勃固附近）。再行 20 余日，有湛离国（今缅甸悉利）。弃船登岸后，步行 10 日有甘都卢国（今缅甸伊洛瓦底江中游卑谬附近）等，大多为当时东南亚一带的国家。

海上运输主要由军队和战舰完成，一是攻打两越，汉军战舰浮于海上，大败越军。一是对朝鲜进攻，海

汉代楼船模型

陆两条进攻线攻打朝鲜;汉军楼船从齐地出发，渡渤海，在杨仆率领下配合左将军旬彘进攻辽东。可见，汉时大规模海上舰队已经出现，海运能力大为提高。

西汉大规模道路网形成，其交通技术也大规模提高。

秦丞相李斯因获罪于赵高下狱，上书辩解称其七项功绩，其中一件就是主持政府驰道修筑。驰道作为交通干线，纵横交错。东至燕齐，南到长江吴楚，路宽七八十米，隔 10 米便栽有树木。驰道勘测选线，施工及道路结构等都相当先进。驰道筑路采用夯筑手段使路面坚实，并使路面高于地表，用金属工具夯击路基使之稳固。路面呈中央高，两侧低的形式，以利排水，路形呈“鱼脊形”“龟背形”“断面呈弧形”。因为驰道是当时的“高速公路”，往往多层夯筑，路基在地面凸起。为了加强道路抗水性、稳定性，保证免受天气影响，对有些道路采用沙质路面和石质路面，甚至出现以砖铺砌地段。驰道之外，西汉还注重田间道路开通，景帝时，晁错建议全国驰道勾联。在特殊地理条件下，工匠们修建了奇特而智慧绝伦的“飞桥”“飞梁”。在多山地带修筑栈道、复道，后称“飞桥”“飞梁”，是伴随楼阁建筑而产生的，和立体交叉道路类似。甬道，是宫殿之间的通行线路，或战时军运道路，在两侧筑壁保证安全通行。

秦汉时利用先进的道路勘测技术，开发直道网络，提高了运输效率。

水路交通，武帝时动以万人开掘，故而水路网遍及南北，河流上桥梁技术也相当发达，蔚成大观。

交通道路发达，过往车辆接连不断。游侠剧孟因为行侠仗义，又能征惯战，很有侠名，剧孟母去世，从各地赶来送葬的车辆达1000乘之多。酷吏田延年为皇帝修筑帝陵，发动运沙牛车达3万辆。可见，车辆之众，交通之发达。

车辆之众可反映其造车辆之水平、规模。车辆已不再是王室贵戚所专有，民间也相当普遍，百姓拥有双辕车和独轮车。而皇帝出行车驾仪仗规模最大，称为“大驾”。车名各异，车速可达日行50公里，而运粮车的载重标准一般为25石。

车辆运行的动力是牲畜，故而武帝采取鼓励养马的政策，开山林池泽之禁为马苑，实施马息政策。同时从西域引进驴、骡、骆驼等作为畜力。

最早的船只是独木舟，到汉代船已经发展出很多种类。根据外形与用途的差别有舡、舲、舶、艭、艇、船、舰、艨冲。军用战船还有先登船、赤马舟、斥候船等。

汉军使用最广泛的莫过于楼船。征伐朝鲜、两越时，武帝大规模派楼船出战。汉击南越，动员楼船军20余万人。

西汉时船舶制造技术达到高峰。当时船舶最初形成了新的控制航向的装置——舵，又称“柁”或“柂”。汉代已经出现人力推进工具——橹，不仅可以推船前行，装在尾部还可以控制方向。锚是另一项重要的船用器具。锚上有锚爪月、有横杆，使锚爪得以插入水底泥中。帆，是船夫已经注意充分借助风力的产物，一般用织物。为增加受风面积，更充分利用风力，还出现了双桅船以至三桅、四桅船。

“车同轨，书同文，行同伦”（《礼记·中庸》），反映了对交通的管理。驰道制度是秦汉交通制度，禁止一般人通行，中央三丈是皇帝专行路线，只有特别恩准者可行中道,但实际上也不能行中道。驰道制度规定：道路是男行右，女行左，车从中央。父子应该是前后序列行走，兄弟是雁行，朋友是并肩而走，年老者不负重物行走，也不徒步行走。组织贡物运输早就有之，到西汉桑弘羊时全面推行“均输”制度。由一定的机构运输供给中央政府支用的物资，设均输官，借鉴经营运输业的商人经验做全国规模调度，从而避免重复运输、过远运输、对流运输等不合理运输所致货物运输不抵运费的困境。

西汉政府还设立亭传邮驿制度，以保证通信畅通。传，原指符信，即通行证类。此外，传舍和乘传也作传。传舍是政府提供的行旅住宿之所，乘传是供公家往来之用的官备车马。传因轻重缓急而有不同等级。亭也做公务人员行旅宿食之馆。10 里一亭，设亭长，还负责征收赋税，维持治安，传布政令，西汉时全国有亭 29635 所。邮是传递文书的设置，两邮之间不过 5 里，驿是供传送文书和奉使往来之用的马站，30 里一站，传递速度每日达 400 公里左右。西汉时在所有大道上都设有驿站。

西汉水陆交通发达，是统一的中央集权国家制度的基础，对于军事调动、大规模移民都有极其重要的意义。交通发达使西汉不同民族、不同地区人民相互交往、了解，最终融入中华民族大家庭中，也为汉文化做了方向性界定，从此有了“汉族”“汉人”等称谓。

西汉交通发达，为国家发展稳定提供便利条件。首先，发达的交通真正使西汉在政治领域变成统一体。大一统的体制由此确立，可以令行禁止。中央的声音畅通无阻。其次，西汉王朝地大物博。各地物产丰富，故而经济交流频繁，势必形成对地域观念的挑战。经济交流过程中，国家利用行政和经济手段，保证财政收入，又牵制了地方势力。再次，交通发达可以促进民族交流发展。通西域，开发西南夷、两越、朝鲜，对外交往开拓，从而使中华民族内涵外延不断延伸，构成了统一多民族国家之基础。最后，加强文化交流。西汉文化交流广泛，各种文化兼容并包。独尊儒术，乃汉武之际所倡，但绝非一蹴而就，也非一朝一夕之功。各种思想的人物，在武帝政府中都有存在，并且重用程度绝不低于儒学之士，如桑弘羊、汲黯（参见丁颖等编著：《汉武帝》，新疆人民出版社 1996 年版）。

六、残烛流年，晚而改过

1. 晚年的思想变化

汉武帝晚年思想发生了很大的变化，其由多欲政治而改弦更张为养民富民、与民休息。之所以产生这样的变化，首先是由当时的政治形势决定的。

汉武帝即位不久，即从元光二年（前133）开始对匈奴的进攻实施反击政策，直到征和三年（前90），李广利出师匈奴不利，对匈奴的战争长达40余年之久。凭借着“文景之治”时期积累起来的巨大财富，汉武帝终于以“海内虚耗，户口减半”（《汉书·昭帝纪》）的巨大代价，将匈奴势力逐往漠北，致使“漠南无王庭”（刘溥：《送驾北征》），彻底扭转了对匈奴战争的不利局面。同一时期，汉武帝又广开三边，四处出征，大肆开疆拓域，因此，战争连年不断。无数的战争致使汉王朝军事费用日益扩大。例如元狩四年（前119）卫青、霍去病大举深入进攻匈奴这一战役，汉武帝仅仅对有功将士的赏赐就花费了50万钱，相当于汉政府当时全年的总收入，其他军备损耗和粮草运输费用还未计算在内。除了对外征战、讨伐外，对内，汉武帝好大喜功，奢侈无度，大修宫殿，广置苑囿，封禅祭祀，寻药觅仙，四处巡游，无数的财富都被白白挥霍掉了。又如元封元年（前110）的那次泰山封禅大典，汉武帝整个行程9000公里，沿途“所过赏赐，用帛百余万匹，钱金以巨万计”（《史记·平准书》）。各方面的开支耗尽了国家的财富。为了增加财政收入，弥补日益空虚的国库，汉武帝又采取了更换币制、算缗告缗、盐铁官营等各种新的财政经济措施。虽然这些措施也曾起到了一定作用，号称“民不益赋”而“天下用饶”，但是，正如当时人所指出的：“利不从天来，不从地出，一取民间。”（《盐铁论·非鞅》）汉武帝虽然名义上不增加正税，但是各种负担最后总还是出自劳动人民身上。

以上种种情况，造成大量丁壮男子出征四方；而繁重的兵役、徭役和赋税剥削，致使广大劳动人民无法忍受，他们只得四处流亡，使农业生产遭到严重破坏，故《汉书·食货志》如此论载："外事四夷，内兴功利，役费并兴，而民去本。""天下虚耗，人复相食。"走投无路的农民只好揭竿而起，武装反抗封建统治者的剥削、压迫。汉武帝便任命中央大员为特使到各地征集军队残酷镇压，命令"绣衣使者"分赴各地，监督地方官吏镇压农民起义；但农民的起义斗争仍旧轰轰烈烈，汉武帝又颁布"沈命法"，结果导致地方小吏害怕被诛而不敢上报农民起义情况，郡守、国相也因惧怕牵连而相互隐瞒事实真相，相互蒙混，致使农民起义越来越多，局势更加动荡不安。

对于国内这种严峻至极的形势，汉武帝也早有觉察，但是，他有自己独到的打算。汉武帝曾对大将军卫青说过："汉家庶事草创，加四夷侵陵中国，朕不变更制度，后世无法；不出师征伐，天下不安；为此者不得不劳民。若后世又如朕所为，是袭亡秦之迹也。太子敦重好静，必能安天下，不使朕忧。欲求守文之者，安有贤于太子者乎！"(《资治通鉴》卷二十二《汉纪》)因此，汉武帝虽然知道自己的四处征伐"不得不挠民"，不能永远这样做下去，但他想在此生把文治武功完成，而让太子刘据去守成，改变政策，与民休息。所以，武帝当时决定继续施行自己的统治方针，尤其是在对外关系上，始终保持着势不可当的攻击势头。

但是，到了征和年间（前92—前89），不愿改弦更张的汉武帝却被“巫蛊之祸”彻底打乱了部署计划，太子被迫自杀。不久,汉武帝发觉“巫蛊事件”多属陷害，大都是乱臣故意制造的冤案，这才明白太子刘据的冤情。但太子已死，悔恨不及了。而紧接着，贰师将军李广利率领大军出征匈奴亦因巫蛊之祸的牵连而兵败投降。这一连串事件对汉武帝的打击之重和刺激之大，是不言而喻的（参见黄留珠著:《古都西安——汉武帝》，西安出版社2015年版）。

遭受太子之死和李广利降敌一系列重大变故之后，汉武帝终于静心追悔往事，检讨一生的失误，他感到自己必须转变统治思想，即结束自己一贯的多欲政治和劳民政策，而转入守成的、与民休养生息的政策。

当时的客观原因，也是促成汉武帝晚年统治思想转变的重要原因。在汉武帝时代，秦朝灭亡的教训时时印在他的脑海里，为他所借鉴。汉初吸取秦朝灭亡的教训，在统治方针上实行与民休息政策，像轻徭薄赋、平狱缓刑等。到了汉武帝时，在社会危机日益严重的时刻，汉武帝也就自然地想到了“亡秦之迹”，因此不敢过度劳民，而是文武之道一张一弛。所以当他看到日益恶化的政治形势时，终于决定转变自己的统治政策。有学者还认为，当时社会意识形态的变化也是汉武帝能够改变统治思想的一个重要因素，而这种意识形态的变化也是借鉴秦亡教训而出现的。我们知道，秦代利用法家思想作为统治思想，这种思想强调单纯的、没有韧性的法治，表现在统治政策上则是一味地严刑峻法，不允许它有任何的变动。汉朝建立之后，吸取秦朝灭亡的教训，用“黄老”思想作为统治思想，他们认为武功之后，必须施行文治，才能稳固统治，才能说是成功的。陆贾就曾对汉高祖说过，过去骑在马背上打天下，但现在不能骑在马背上治天下了。汉朝初期的政论文章，都大量充斥着吸取秦朝灭亡教训的论点。到了汉武帝统治时期，以董仲舒为代表的新的儒家思想占据了当时思想的主导地位。这种思想主张以刑辅德，而且含有许多“更化”的思想，与纯粹的儒家思想相比，有较大的因时制宜的灵活性。这种思想的出现，当然也有汉武帝借鉴秦亡的历史因素，所以，当社会险象向他袭来时，“内多欲而外施仁义”的汉武帝终于在现实面前转向“守文”，这也是可以从当时他的思想变化得到诠释的（详见田余庆：《论轮台诏》，《历史研究》1984 年第 2 期）。

另有研究者认为汉武帝晚年的思想转变还与其一贯比较能够听取臣下意见和注意选用人才有关【详见王云度《评价汉武帝必须注意其晚年的转变》，《徐州师院学报》（哲学社会科学版）1983 年第 2 期】。对于古代帝王来说，能否纳谏、用贤，对于他们的统治关系重大，纳谏、用贤可以说是帝国专制制度有效的解毒剂。汉武帝在纳谏、用贤这一方面一贯做得相当好，这在前文已有详述。到了晚年，他仍能采纳臣下，像壶关三老令狐茂、郎官田千秋等人的建议，敢于公开否定自己，承认错误，进而转变统治思想。

汉武帝晚年改过，改变其统治思想，首先表现在他宣布废止迷信活动。汉武帝一生曾不惜花费巨资求仙觅药，煞有介事地进行各种迷信活动。经过几十年毫无应验的寻求结果，客观现实终于促使武帝逐渐悔悟，他对求仙觅药之事开始怀疑，进而摒弃。征和四年（前 89），当大鸿胪田千秋提出方士们所鼓吹的神仙之事毫无应验应该废止时，汉武帝立即肯定田千秋所奏“甚是”，下令将那些靠迷信活动骗取爵禄、钱物的方士统统罢免、驱散。汉武帝还颇有感触地对群臣说（大意）：“过去自己太愚蠢，屡屡被

田千秋

方士所迷惑、欺骗。天下哪有什么神仙奇药呢？都是虚妄妖言。只要注意饮食服药，减少身体疾病就是最好的办法了。”（参见《资治通鉴》卷二十二《汉纪》）这种反悔、罢方士的举动不仅极为可贵，而且是符合科学道理的。

废止方士的迷信活动，是汉武帝思想转变的一个方面，更重要的是他开始认识到了自己的“狂悖”，认识到了由于自己的狂悖而浪费了天下的人力、物力，使百姓愁苦。征和四年（前 89）三月癸巳，汉武帝会见群臣，讲道：“朕即位以来，所为狂悖，使天下愁苦，不可追悔。自今事有伤害百姓，糜费天下者，悉罢之。”（《资治通鉴》卷二十二《汉纪》）作为一个皇帝，面向群臣公开承认错误，表示今后不再做劳民伤财的事，诚恳自责，这在历史上是少见的。其实，汉武帝的这种转变绝不是偶然的。早在镇压农民起义时，他就注意到官吏对农民私征太重，造成社会的不安定。像元封四年（前 107）关东出现 200 万流民，有些大臣主张把其中 40 万“无名数者”当作罪人迁往边地时，汉武帝便严厉谴责当时的中央与地方官，并作《流民法》，把农民固定下来。此处就可以看出汉武帝已经注意到汉王朝出现动乱的原因，只是还没有后来这种明确的认识深刻而已。

汉武帝晚年的思想变化还可以从他对待卫太子的

态度上略窥一斑。还在“巫蛊之祸”之前，汉武帝每次离开首都外出巡游时，朝政都要交给太子刘据处理。刘据的性格和作风与汉武帝恰恰相反。汉武帝治国用严刑酷法，重任酷吏，而卫太子性情敦厚，用法宽疏，经常把汉武帝处理过的案件平反。卫太子的这种做法得到了百姓的拥护，可是汉武帝所信任的那些“深酷用法者”却不高兴。卫太子之母卫皇后惧怕太子因此而使汉武帝生气，便悄悄嘱咐太子要按照汉武帝的方法办事。然而，当汉武帝听说此事以后，却不责备卫太子，反而认为卫皇后不应这样劝导太子。很显然，这是汉武帝在鼓励卫太子避免用刑严酷，而是主张宽简为政。汉武帝还认为自己的对外用兵太“劳民”，当太子劝谏他时，他不仅不生气，反而笑着说（大意）：“我这样做不正是为了让你安逸一些，不为打仗的事而操劳了吗？”（参见《资治通鉴》卷二十二《汉纪》）由此可以看出，汉武帝晚年对卫太子的宽刑简政是相当赞赏的，已经认识到严刑、武力是不能长治久安的。所以，“巫蛊之祸”发生之后，汉武帝对主张为政宽缓的太子十分思念，于是修建“思子宫”，筑“归来望思台”，并严惩陷害太子的江充之类的人。汉武帝对太子刘据的态度及思念，正表现了他对自己为政过错的反思。这种反思，终于导致了他思想认识上的变化，并进而带来统治政策的转变（参见黄留珠著《古都西安——汉武帝》，西安出版社 2015 年版）。

2. 迷信方士的悔悟

汉武帝是一个拥有雄才大略的专制帝王，同时也是一个迷信鬼神、方士的凡夫俗子，发生在汉武帝晚年的“巫蛊之祸”，就是这位盖世帝王的一场人生悲剧。“巫蛊之祸”给武帝自己乃至整个国家都带来了巨大的伤害。所谓“巫蛊”，是一种用迷信行为诅咒人的方法。这种方法是用桐木制成木偶人，埋在地下。据说，只要借对木人的咒骂来诅咒谁，谁就会得病死亡。这种迷信活动，在汉代社会上流传很广，武帝对此也深信不疑。为了说明“巫蛊之祸”的前前后后，我们先从武帝迷信鬼神、方士说起（参见刘修明著：《雄才大略的汉武帝》，上海人民出版社 1984 年版）。

汉武帝手中掌握着莫大的权力，可以随心所欲地办他要办的事，惩罚他要惩罚的人。在封建专制的汉帝国内，谁还能比武帝有更大的权威呢？可是，在至高无上的皇帝之上，还有一个更加至高无上的“上帝”——天。掌握着人间大权的皇帝无法掌握自己的生死寿夭。武帝抗拒不了“天命”。那个时代的科学水平和人的认识水平决定了帝王思想也是迷信思想，祈求长生不老，使帝王对鬼神无比信仰，万般虔诚。武帝希望那些会装神弄鬼的方士，能为他指引一条长生不老的道路，他的一生都被方士迷惑，直到临死前才有所悔悟。

元光二年（前 133）冬，当时才 23 岁的汉武帝，来到雍城（今陕西凤翔县南）的五畤原（畤，古代帝王祭天地的处所）祭祀上天，碰到一个叫李少君的老头，李少君说自己 70 岁了，能差使鬼神，懂长生不老术，可点化丹砂为黄金，还能浮海见到蓬莱岛上的仙人安期生。李少君向武帝介绍说，安期生不吃饭，只吃一种大如瓜的枣子。他住在蓬莱仙岛上，高兴时就见人，不高兴就隐而不见。武帝被这番话迷住了，一心想求见仙人，对李少君也优厚相待。李少君不久年老病死，武帝认为他没有死，而是羽化成仙了。燕、赵等地的方士因此也纷纷拥到长安城，觐见武帝，跟他谈天说地，装神弄鬼。武帝很高兴，以为长生有望了。

元狩四年（前 119），齐国人少翁求见汉武帝。他知道武帝很想念死去的李夫人，说自己有办法让天子在帷帐中见到李夫人的玉体。方士有一套幻术，加上武帝思妇心切，在幻术的迷雾和帷帐的双重遮掩下，他好像真的见到了朝思暮想的李夫人，武帝欣喜不已，立即拜少翁为文成将军，给了他很多赏赐。少翁又哄骗武帝，叫他在长安西北的甘泉山上建造离宫，宫中画了天、地、太一等神像，时时拜祭。但方士的骗术有限，任凭武帝多么虔诚地祭祀，神仙总也不来。少翁想出个主意，叫人写了一幅帛书，和着草料让牛吃下，对武帝说："此牛腹中有奇书。"武帝命人杀牛，腹中果有帛书神文。可是，武帝觉得字体很眼熟，起了疑心，经查问果然是有人代写的伪书，武帝大呼上当，一怒之下，砍了少翁的脑袋。

少翁被杀了头，汉武帝便自己想办法求神仙赐予长生不老之法。他叫人在建章宫造了一座铜制的承露盘，高 30 丈（约合今 70.5 米），大七围（一抱为一围），顶上是一个张开的仙人掌，以承收天上的露水。把露水和着玉屑吃下，据说就可以长生不老。武帝天天吃玉露，就像吃仙丹。

大概是有害无益的玉露吃多了，汉武帝第二年便病倒在鼎湖（在今河南阌乡南 17.5 公里荆山下）的离宫里，御医们用了许多药也没能治好他的病。有一个叫游水发根的方士说，陛下是在外碰到了鬼才生病的。因病魔折腾而消瘦的武帝，诏令游水发根在甘泉宫向上天祈祷。游水发根将编造的"神仙的话"转告武帝说："天子莫要担忧自己的病，待病体稍愈，请到甘泉宫去和我（神仙）见面。"武帝听到神仙的安慰，精神兴奋，病情好了大半。他由宦官、宫女扶持着，来到甘泉宫，坐等会见神仙。游水发根早已做了安排，果然让武帝听到了"神仙"讲话，声音和人一样，说话多在晚上。"神仙"来去无踪，只听见风声萧然。武帝一高兴，病体霍然而愈。他又笃信方士了，把“文成将军”让他上的当忘得精光（参见刘修明著:《雄才大略的汉武帝》，上海人民出版社 1984 年版）。

元鼎四年（前 113）春，一个更大的方士骗子栾大混到了汉武帝身边。栾大原是胶东康王刘寄王宫里的药剂师，和少翁是同学。胶东王死后，行为不端的康后怕自己的淫行暴露，把栾大献给武帝讨好。武帝正在为少翁死后无人为他献方药而发愁，康后献出栾大，武帝十分高兴。栾大对武帝说：“臣常往来于大海之中，曾见到安期生、羡门等神仙，但神仙认为臣的职位太低微，不予理睬。神仙又说康王只是个诸侯，不肯给不死药，康王也不相信臣。臣的老师告诉臣，黄金可炼成，不死药能得到，仙人也能见得。但臣怕遭到文成将军同样的命运，故不敢讲话。”武帝笑笑说：“文成是吃马肝（有毒）死的。你能搞不死药，朕怎会不欢喜你！”栾大见武帝上钩，便使了点小魔术，让棋盘上的棋子相互碰击起来。武帝看呆了，更相信栾大了。在很短的时间内，武帝就升栾大几次官，让他佩戴了 5 个官印：五利将军、天士将军、地士将军、大通将军、天道将军。后又封他为乐通侯，赐给豪华的府第和僮仆 1000 人，还把自己的女儿卫长公主嫁给他。骗子以骗术致富贵，靠的就是武帝有迷信思想。可是，骗术总是不能长久的。第二年，栾大奉命出海求仙，他知道求不到仙，就改上泰山祭天。武帝派人查实，知道又上了大当。他气愤极了，把栾大处以腰斩，让自己的女儿也成了寡妇（参见刘修明著：《雄才大略的汉武帝》，上海人民出版社 1984 年版）。

想长生不死入了迷的汉武帝，并没有从中吸取教训。元鼎四年（前 113）六月，有个巫士在战国时代魏国的故地掘到一个铜鼎。这本来是件出土文物，可是武帝以为这是天意，恭敬地把宝鼎迎到甘泉宫，向上天和祖宗祷告。齐国（诸侯国）人公孙卿上书给武帝说："陛下今年得了宝鼎，时辰同黄帝时完全一样。"武帝大喜，召见公孙卿。公孙卿编造了一大篇鬼话，说黄帝采了首山的铜，在荆山下铸成这座铜鼎。后来有一条龙下来迎接黄帝，黄帝和群臣、后宫一起乘龙而去。汉武帝听后羡慕地说："我如能像黄帝一样乘龙而去，那我抛弃妻子就像脱鞋一样容易。"后来，公孙卿又告诉他，缑氏城（今河南偃师东南）上有仙人的足迹。武帝亲自去观察，对公孙卿说："你可不要学少翁、栾大啊！"公孙卿回答得妙："神仙无求于天子，天子有求于神仙。没有充裕的时间，神仙是不会来的。"武帝又相信了。他下令各郡国修缮各地的宫观、名山、神祠，希望自己的虔诚能感动上天，有朝一日能见到神仙。武帝的随从知道他求仙心切，也百般迎合他的心理。有一次过中岳嵩山，从官向他报告说：听到山上喊了三声“万岁”。武帝以为这是神的呼唤，非常振奋，封嵩山 300 户租赋，用来祭祀山神。

公孙卿和方士都说神仙住在海上，汉武帝就东巡到海上，叫公孙卿先去访问神仙。公孙卿到达东莱（今山东莱州市），报告武帝说：“臣夜间见到大人，高达数丈；走近，又不见了。”从臣们也附和说：“见一老父牵了一条狗，说要见钜公，忽而又不见了。”武帝想，众人所说相似，可见不虚，这大概就是仙人了。他下令留宿在海上，派出方士几千人四处求神仙。公孙卿对他说：“仙人喜欢住在楼上。”武帝马上下令在京城造了许多楼台，还造了一座很高的通天茎台，叫公孙卿等人持着节杖恭候仙人降临。汉武帝又下令在京城中开凿太液池，池中建造蓬莱、方丈、瀛洲、壶梁诸岛，象征大海中的神山。

可是，方士们在楼台上等候神仙，神仙没有来；入海找蓬莱，蓬莱没找到。汉武帝已经一天天老了，越来越怕死，感到心烦意乱。征和四年（前 89）春天，他按捺不住求长生的迫切愿望，以 67 岁高龄亲自登舟浮海，想早点找到神仙，求到不死药。大臣们纷纷进谏：“陛下春秋（年龄）已高，不能入海。”可是，武帝急不可待，一定要找到神山、神仙、神药。他不听一切劝告，以衰老之躯，亲率大批舟师，在海风呼啸、阴云密布中，浩浩荡荡地驶向大海。大海没有给他平安，每天白浪滔天，阴云密布。特造的大海船像舢板似的在浪峰波谷中升降。从皇帝到船夫都头晕目眩，呕吐不止。脸色苍白的武帝想，心诚必能感动上帝，便下令坚持航行。他和大臣、兵士又经受了十几天颠簸之苦，终于受不住了，不得不下令返航。他怀着一颗失望的心，拖着疲惫不堪的身子，登上陆地，辗转回到了长安。

汉武帝在京城舒适的宫殿里休息了两个多月，也苦思了两个多月，终于有所醒悟。他感慨地说："以前我太愚蠢了，为方士们所欺。天下哪有什么神仙？全是妖妄之言！只有节制饮食，饮用药物，才能少生病。"他下令，将说神道鬼的方士全部罢黜，再也不听他们的妄言。

汉武帝最后是醒悟了。可是，他浓厚的迷信思想已酿成了大祸，这就是"巫蛊之祸"（参见刘修明著：《雄才大略的汉武帝》，上海人民出版社 1984 年版）。

征和四年（前 89），汉武帝 67 岁。他在日理万机之余，对生死问题想得很多。他越是怕死，越是恨臣下提到"死"字。可是，就在这一年，竟敢有人诅咒他死！这下可激怒了武帝，武帝因此闯下了滔天大祸。

这年，丞相公孙贺的儿子公孙敬声靠父亲的权势横行不法，甚至擅自动用军费，大肆挥霍，事发后下狱。公孙贺的妻子是卫皇后的姐姐，她去找皇后说情。汉武帝最后同意了公孙贺的请求：捉拿朝廷要犯阳陵大盗朱安世来赎儿子的罪。公孙贺竭尽全力，终于捉住朱安世。朱安世被捕后，哈哈大笑说："这下子丞相一家要灭族了！"他从狱中上书武帝，揭发公孙敬声私通武帝的女儿阳石公主，还叫巫人在甘泉宫皇帝走的道路下面暗埋木偶人，用恶言诅咒皇帝早死。武帝大怒，派人查实，果然在上林苑等地查到许多暗埋的木偶人。事实上，这都是女巫教宫女消灾而搞的迷信活动，并不是诅咒皇帝的。但由于宫女相互妒忌，就相互诬告说是针对皇帝的。武帝听了汇报，气得钢牙咬碎，下令把公孙贺一家人斩尽杀绝，又杀了许多后宫宫女，还牵连许多大臣，前后死了几百人。

公孙贺一家被灭族，使卫皇后惴惴不安。卫皇后在汉武帝 29 岁时为他生了太子刘据，武帝非常喜欢这个儿子。刘据长大后，性情宽厚仁爱，武帝认为他太慈和了，不像自己那样有魄力、敢作敢为。武帝每次决定征伐之事，刘据总要来规劝；武帝用法严峻，常杀大臣，刘据往往为大臣平反。再加上几个妃子又为他生了 3 个儿子，武帝对卫皇后和太子刘据的宠爱就日趋减退。公孙贺一家灭族，更加深了卫皇后的不安和恐惧。

汉武帝很会用人，但也用了些奸臣、小人。有个赵国（诸侯国）邯郸人江充，因为得罪了赵国太子刘丹，逃到长安来，向武帝揭发刘丹干的坏事。武帝废了赵太子刘丹，拜江充为直指绣衣使者，职责是督察贵戚、大臣的违法活动。江充大权在握，纠劾（劾，揭发罪状）不避权贵。加上他身材魁梧，能说会道，很得武帝欢心。有一次，江充跟武帝去甘泉宫，看见太子刘据在皇帝专用的驰道上驾驶车马。刘据求江充宽恕，不要告诉武帝。江充不听，报告了武帝。武帝表扬他说："好！做臣子应当如此。"对江充更加信任。太子刘据却从此与江充结下怨仇。江充担心武帝一旦驾崩，太子做了皇帝，自己的身家性命将要保不住，因此想方设法陷害太子。

公孙贺巫蛊案发后，年迈的汉武帝正生病住在甘泉宫。可能是发烧吧，他白天也在做噩梦，看见一大批木头人手持棍杖来敲他的脑袋。他从梦中惊醒，变得更加神经质，总以为周围的人都在诅咒他，希望他早死。江充深知武帝心思，阴险地叫一个胡巫对武帝说："宫中到处都有巫蛊的邪气，不除掉，陛下是得不到安宁的。"病中的武帝深信不疑，叫江充带了太子的黄门官（宦官）苏文等人，到皇宫中查巫蛊。这伙人在皇宫中到处乱挖，甚至在皇帝坐的御座底下也掘地3尺。后来，又到卫皇后和太子的宫中搜查，弄得皇后、太子的寝宫里连床也无处放。事后，江充向武帝谎报说："在太子宫中掘到许多木人，还有帛书，上面写着许多大逆不道的话。"病中的武帝气得话都说不出来。太子刘据知道江充乘机陷害自己，就和师傅石德商议对策。石德说："丞相一家都为此事杀了头，今天怎么也讲不清楚了。只有借皇帝的节杖逮捕江充，让他供出奸计和真情，才是办法。"太子无计可施，就按石德的意见，叫人冒充皇帝使者，逮捕了江充和胡巫。刘据亲自审问江充，气愤地说："你这个赵国的强盗，以前扰乱了赵国父子，还不够吗？还要来挑拨我父子关系！"他越说越恨，禁不住手持宝剑，狠狠刺去，结果了江充的性命。他又命人在上林苑中,用烈火把胡巫活活烧死。

宦官苏文逃了出来，到甘泉宫报告汉武帝，说太子造反了。武帝武断地认为是太子害怕获罪，才杀了江充，马上命令使者召太子前来觐见。使者怕死，不敢见太子，兜了一个圈子，回来向武帝谎报说："太子造反了，要斩杀臣，臣是逃回来的。"武帝闻讯大怒，给丞相刘屈氂下诏说："捕获或斩杀反者，自有赏赐。平叛时用牛车围成军阵，不要短兵相接，杀伤愈多愈好。下令关闭所有城门，不许一个反者逃去！"太子刘据也向百官宣告说："皇帝病困甘泉宫，疑其中有变，有奸臣作乱！"武帝闻讯，更加怒火中烧，抱病离开甘泉宫，住进城西建章宫，下诏征发附近军队和2000石以下官吏，全部出来打仗，归丞相刘屈氂指挥。太子刘据感到危急，也放出城内监狱中的囚犯，由师傅石德等人率领，和皇帝的军队对峙。这场混战在长安城

河南戾太子墓

里整整打了 5 天，死了几万人，鲜血灌满了水沟。卫皇后闻讯，悲愤欲绝而自杀身死。毕竟是皇帝的势力大，太子刘据的家属多被杀死。刘据终因势单力薄，打了败仗，带着两个儿子，狼狈不堪地逃向长安城南覆盎门。城门守将同情太子，放他出城。武帝大怒，将城门守将腰斩。武帝已气愤得丧失了理智，大臣们也都战战兢兢，吓得不敢吭声。

太子刘据怀着悲愤的心情，带着两个儿子，向东逃到了湖县的泉鸠里（今河南灵宝西部与陕西交界处的泉里村），藏在一个卖草鞋人家里。太子穷得无法生活，托人向一个住在湖县的老朋友借钱，因此不幸被发现。当地官吏发兵围捕太子。刘据想想再也逃不掉了，便向着苍天，满眶热泪地长叹几声，悬梁自尽了。两个儿子和卖草鞋人都遭惨杀。这场由巫蛊迷信引起的父子相残的大祸，至此告终。

汉武帝苍老、病态的面容上，又增添了许多皱纹，头上的白发也增多了。当他冷静下来，事情的真相终于查实。所谓巫蛊云云，都不是诅咒皇帝的；太子只是由于痛恨江充而惶恐举兵，并无谋反之意。守卫汉高祖陵墓的一位郎官田千秋，也勇敢地上书为太子申冤，说他夜里做梦，梦到高祖皇帝也在为太子叫冤。壶关乡官三老令狐茂也上书武帝，恳切批评皇帝不该那样对待太子。武帝痛定思痛，终于感悟。他明白自己上了江充等贼子的当，干了一件大错事、大蠢事。但是，卫皇后、太子、皇孙都死了。他只能把江充一家人灭族，把宦官苏文烧死，算是为太子报仇。但武帝深知，自己是造成这次大祸的最大祸首！他无以自慰，在宫中建造了一座思子宫，又在太子的殉难地——湖县，建造一座“归来望思台”，寄托哀思和愧恨（参见刘修明著：《雄才大略的汉武帝》，上海人民出版社1984年版）。

3.“轮台之诏”，与民休养

汉武帝晚年时期在统治思想上发生了巨大的转变，表现在行动上则是他对自己一贯坚持的统治政策的改变。汉武帝改变统治政策的转折点就是历史上有名的“轮台之诏”。

在“轮台之诏”发布以前，汉武帝的诸多行动都已经表现出他在逐步调整自己的统治政策。

还在太子刘据兵败外逃的时候，壶关（今山西黎城东北太行山口）三老令狐茂上书武帝，认为太子刘据是皇帝的继承人，不可能造反，只是江充等人逼迫太子太甚，而太子又见不到皇帝，无法申诉，因此不得已才杀江充，“子盗父兵以救难自免耳”（《汉书·武五子传》），并要求汉武帝立即停止追捕太子，不要让太子逃亡在外。而且还用十分尖锐的语句批评了汉武帝的错误：“臣闻……父慈母爱室家之中，子乃孝顺。……故父不父则子不子，君不君则臣不臣，虽有粟，吾岂得而食诸！”（《汉书·武五子传》）这不是在明明白白地骂武帝“父不父”“君不君”吗？朝臣们见了这个上书，个个吓得诚惶诚恐，不敢说话。可是，汉武帝却被骂得清醒多了，他没治令狐茂的罪，但也没有拿出个对待太子的具体主意来，结果太子被逼自杀。令狐茂上了这么一封措辞严厉的书，倒启发了在汉高祖庙担任守卫的郎官田千秋。太子死后，他也上书为太子申冤，并说是梦中一位白头翁让他上书的。当时汉武帝可能正处在太子死后的痛苦、懊悔之中，所以他立即召见田千秋说（大意）：“父子之间的关系，人很难言明。你能说明太子不是造反，这是高帝庙神灵让你教我的。你应当成为我的辅佐大臣。”（参见《汉书·田千秋传》）于是便拜田千秋为大鸿胪（九卿之一）。

汉武帝破格提升田千秋，就成了他改变统治思想、自我悔过的一个信号。接着他便下令斩杀江充全家以及在“巫蛊之祸”中所有推波助澜之人，并深切思念太子。他斩杀的人大都是“深酷用法者”，便为那些“宽厚长者”提供了施展文治的机会。因此，“巫蛊之祸”后的大屠杀既被汉武帝用来为太子昭雪，也为他转变统治政策扫清了道路。到了丞相刘屈氂被腰斩后，他的职位便由田千秋继任。田千秋并非圣贤之人，他从一般的郎官一跃而为丞相，清楚地表明了汉武帝悔罪的态度。

征和四年（前 89）四月，汉武帝应田千秋的请求，遣散求神的方士，这正是汉武帝晚年的一大转变。而正在此时，汉朝正遣兵出击匈奴，搜粟都尉桑弘羊与丞相、御史大夫等提出增派军卒到西域渠犁、轮台一带屯田（参见《汉书·西域传》）。早在太初四年（前 101），李广利征服大宛后，便在班师途中灭掉了轮台，汉武帝即在轮台置使者、校尉，屯兵数百人垦田，修筑亭障，作为供应汉朝与西域使者给养及经营西域的基地。此次桑弘羊等人的请求旨在增加在轮台屯田的士卒和移民，同时扩大轮台原有屯田的数量。（参见刘修明著：《雄才大略的汉武帝》，上海人民出版社 1984 年版）

汉武帝就此建议下诏，即著名的“轮台之诏”。《汉书·西域传》渠犁条记载的诏文是这样的（有删节）：

> 前有司奏，欲益民赋三十助边用，是重困老弱孤独也。而今又请遣卒田轮台。轮台西于车师千余里，前开陵侯击车师时，危须、尉犁、楼兰六国子弟在京师者皆先归，发畜食迎汉军，又自发兵，凡数万人，王各自将，共围车师，降其王。
>
> 诸国兵便罢，力不能复至道上食汉军。汉军破城，食至多，然士自载不足以竟师，强者尽食畜产，羸者道死数千人。朕发酒泉驴橐驼负食，出玉门迎军。吏卒起张掖，不甚远，然尚厮留甚众。
>
> 曩者，朕之不明，以军候弘上书言“匈奴缚马前后足，置城下，驰言：‘秦人，我匄若马。’”又汉使者久留不还，故兴遣贰师将军，欲以为使者威重也……
>
> 乃者贰师败，军士死略离散，悲痛常在朕心。今请远田轮台，欲起亭隧，是扰劳天下，非所以优民也。今朕不忍闻。大鸿胪等又议，欲募囚徒送匈奴使者，明封

侯之赏以报忿，五伯所弗能为也。

且匈奴得汉降者，常提掖搜索，问以所闻。今边塞未正，阑出不禁，障候长吏使卒猎兽，以皮肉为利，卒苦而烽火乏，失亦上集不得，后降者来，若捕生口虏，乃知之。当今务在禁苛暴，止擅赋，力本农，修马复令，以补缺，毋乏武备而已。郡国二千石各上进畜马方略补边状，与计对。

汉武帝的这个诏令，是他真正改变以往那种好大喜功、不惜民力、穷兵黩武的作风和政策的开始，由此而把治国的重点从战争转向了发展生产、与民休息，实行富民政策。在对外关系上，他既不愿意再对匈奴用兵，也不愿意接受桑弘羊屯田西域的请求，总之是抱着十分消极的退守政策。在国内问题上，主张恢复西汉初年“休养生息”的政策，更提出了富民养民的观点。所有这些都说明，汉武帝晚年对内、对外的统治方针、政策，确实真正改变了，彻底走上了与民休息的道路。汉武帝死后，继位的昭帝在大臣霍光、金日磾等的辅佐下所实行的政策，一般来说都是继续矫正汉武帝那些“好大喜功”的政治措施，实行与民休息的政策。这种政策，其实就是汉武帝末年开始实行的政策的延伸和继续。

“轮台之诏”颁布后仅两年，汉武帝便逝去了。他的“罪己诏”虽然不能像所谓的“禹汤罪己，其兴也悖（勃）焉”那样，臻汉室于鼎盛，但它毕竟挽回了汉室将颓之局，产生了许多积极的效果，遍布于各地的农民暴动暂时缓和下来了，一些尖锐的社会矛盾也得到了缓解。“轮台之诏”既为以后汉昭帝、霍光建立“守文”局面提供了便利条件，也为“昭宣中兴”之世的出现奠定了政治基础。

霍光

总之，“轮台之诏”标志着汉武帝末年改变统治政策的转折点，汉武帝正视自己的过失，勇于改正自己的错误，停止连年征伐，把政策的重点放在了发展生产、减轻农民负担、恢复民力上，因而汉代出现了社会安定的转机。

用历史的眼光来评价汉武帝，似乎更需要重视这样的意义：汉武帝在治理西汉王朝的伟大事业上勇往直前，探索不止，不仅善于谋策取胜，而且也善于从失败、挫折中吸取教训，总结经验，把西汉王朝的发展继续推向前进。他在迟暮之年幡然悔过，根据新的形势，重新制定促进社会发展的策略，维护了西汉王朝数十年的盛世，也为他的宏伟一生画上了一个圆满的句号（参见刘修明著：《雄才大略的汉武帝》，上海人民出版社 1984 年版）。

4. 富民兴邦，推行“代田法”

汉武帝“晚而改过”，在统治政策上实现了重大转变。他统治政策转变的核心内容就是放弃既往好大喜功的作风和对外用兵的做法，而把治国的重点转移到发展农业生产、实行富民政策上，这是具有深远战略意义的抉择。按照现代的观点来看，只有解放生产力，发展生产力，才能真正实现国富民强。处于封建帝国时代的汉武帝在其富民政策的指导下，采取了许多与民休养生息的新举措，对当时争取民心、澄清时政纷乱的局面、稳定统治秩序、发展社会生产力起到了巨大作用。汉武帝所采取的富民措施，概括起来讲，主要包括以下几个方面：

首先，早在太始二年（前 95），赵中大夫白公上奏建议修筑水渠，汉武帝便征发劳动人民在关中修建“白渠”，从仲山口（今陕西泾阳西北）引泾河水至栎阳（今陕西临潼栎阳镇），全长近 100 千米。白渠修成以后，灌溉了沿途田地 4500 余顷，对发展当地农业生产起了重大作用。再者，汉武帝一生都重视农业生产，特别重视农田水利建设，在晚年那种极端困难的情况下，他仍然坚持进行农田水利建设，对发展农业生产、真正富民起到了重要作用。

其次，还是在“轮台之诏”颁布前的征和四年（前89）三月，汉武帝最后一次外出巡游，当他经过钜定（今山东饶北）时，看到当地农民正在忙于春耕，便亲自下田参加劳动，以示劝农。他的这种“亲耕”行动虽属效法祖辈之举，但却具有特殊意义，在当时农民反抗斗争极为激烈的山东乃至全国都产生了重大影响。皇帝的“亲耕”，使得以农业为衣食之本的农民更加重视农业劳动和生产,颇有“天子与我辈同甘共苦”之感。

再次，在富民政策的指导下，汉武帝任命丞相田千秋为“富民侯”，“以明休息，思富养民”（《汉书·西域传》）。前文已经指出，田千秋本无突出才能，更无战功，只是由于上书为太子申冤，后又提出罢斥鼓吹神仙的方士而得到信用，由郎官至大鸿胪而再升为丞相。汉武帝重用田千秋的目的就在于向臣民表示自己痛切思过之意,而现在又封他为“富民侯”,意在表明“当今务在禁苛暴，止擅赋，力本农”，自皇帝、丞相至平民百姓皆“力本农”。全力发展农业生产，当然会使民富，民富国亦强，西汉王朝自然就会既无内忧又无外患。征和四年（前89）四月，汉武帝曾明确宣布，从今年以后，凡是有伤害百姓之举，有浪费人才之事，一律停止，坚决废止铺张浪费及无益百姓之事。汉武帝的这些决定，直接减少了国家财政开支，相应地减轻了农民的负担，其直接效果亦促进了富民（参见黄留珠主编:《古都西安——汉武帝》，西安出版社 2015 年版）。

最后，最为重要的是，汉武帝颁布“轮台之诏”后，又颁布了一条同样重要的“力农诏”，把发展农业生产放在首位。他任命赵过为搜粟都尉，推广被称为“代田”的精耕细作的农业耕作方法，改进农业生产耕作工具，鼓励发展农业生产。赵过推行的“代田法”是最具代表意义的富民新举措，其收效亦最大，在整个中国农业发展史上都具有重要意义。

代田法是一种新的土地利用方法，《汉书 · 食货志》称其为“古法”。其实，它是由汉武帝时官任搜粟都尉的赵过综合、总结前人和当世劳动人民的生产经验而发明的。代田法的推行，是汉武帝发展农业生产、实现富民目标的最具体、最有效的措施。据《汉书 · 食货志》记载：

> 武帝末年，悔征伐之事，乃封丞相为富民侯。下诏曰：“方今之务，在于力农。”以赵过为搜粟都尉。过能为代田，一亩三圳。岁代处，故曰代田，古法也。后稷始圳田，以二耜为耦，广尺、深尺曰圳，长终亩。一亩三圳，

一夫三百圳，而播种于圳中。苗生叶以上，稍耨陇草，因隤其土以附苗根。故其诗曰：“或芸或芓，黍稷儗儗。”芸，除草也；芓，附根也。言苗稍壮，每耨辄附根，比盛暑，陇尽而根深，能风与旱，故儗儗而盛也。其耕耘下种田器，皆有便巧。率十二夫为田一井一屋，故亩五顷，用耦犁，二牛三人，一岁之收常过缦田亩一斛以上，善者倍之。过使教田太常、三辅，大农置工巧奴与从事，为作田器。二千石遣令长、三老、力田及里父老善田者，受田器，学耕种养苗状。民或苦少牛，亡以趋泽，故平都令光教过以人挽犁。过奏光以为丞，教民相与庸挽犁。率多人者田日三十亩，少者十三亩，以故田多垦辟。过试以离宫卒田其宫壖地，课得谷，皆多其旁田亩一斛以上。令命家田三辅公田，又教边郡及居延城。是后边城、河东、弘农、三辅、太常民皆便代田，用力少而得谷多。

从以上这些记述可以看出，汉武帝推广“代田法”，包括以下 3 方面内容：

（1）代田法的具体方法。概括地讲，代田法是一种更为有效的、充分利用土地资源的耕作方法。“代田”就是在把田地翻耕整平后，开挖出垄和圳（沟），当时一亩田被划分为 3 垄 3 圳。汉武帝时已经通行 240 步长、1 步宽的面积为 1 亩的进制，步的长短可能还是用以秦的 6 尺为 1 步的制度。这样，在 1 亩地大小的面积上，就分布着6个宽1尺、长240步的垄和圳。

播种时，将种子播于圳中，幼苗就在圳里生长。这样，既可以减少幼苗叶面遭风吹而蒸发水分，也可以减少圳中水分的蒸发和损失，如此，幼苗就可以获得充足的水分，健壮成长。以后随着幼苗的生长，结合着中耕除草，逐步将垄上的土锄下培植苗根，直到农作物完全长成,垄土则全部置于苗根。农作物根深秆壮，不仅能够吸收更多的养分，而且还能够经受更大的风吹和干旱，因此可以获得丰收。所谓“代”，就是垄和圳交替代换，亦即今年之垄，明年易为圳，而今年之圳明年则易为垄，这样轮番使用地力，不必休闲却可以起到休耕的效果和作用。圳的耕法是用耦犁，即两犁并耕，当时犁的宽度为汉尺五六寸宽，两犁并耕的土壤正好一尺宽。耕时只耕圳而不耕垄，亦即只耕土地总面积的1/2。因此，代田法较之一般不开垄圳的“缦田”种植方法的好处，大致有以

代田法

下几点：首先，代田法在垄和圳之间交替种植农作物，这样既充分利用了土地又能够保证地力恢复，不失为一种连年稳产、高产的耕作方法。特别是在施肥不足的地方，可以使土地不至于因连年耕作而变得十分贫瘠。其次，利用垄间土培苗，使作物根深秆壮，可以抵抗更大的风旱，而圳又可以保持更多的水分供幼苗生长。这在北方风旱自然灾害比较严重的地方所起到的作用更大。最后，代田法是每年只耕种土地的一半，还可以大大节省劳动力，腾出的劳力就可以去耕种更多的代田。所以，这种代田和传统的缦田相比，具有相当的科学性和优势，难怪《汉书·食货志》记其“一岁之收，常过缦田亩一斛以上，善者倍之。”这种先进、科学的代田法，和西汉末年成帝时氾胜之所发明的“区种法”，就是我们通常所说的汉时两种新发明的土

三腿耧

地使用方法。代田法主要是通过大面积改进耕作技术而获得增产，而区种法则更进一步要求在小面积上的精耕细作而少耕种多收获，走类似今天之园艺化道路。它们都体现了西汉农业生产发展所达到的较高水平，也反映了我国农业生产的优良传统。

（2）代田法使用过程中新农具的制作和发明。一种新的土地耕作、利用方法的发明，必然会引起也要求新的农具的制作和发明，代田法亦是如此。《汉书·食货志》中说在代田法的使用中，“其耕耘下种田器，皆有便巧”，又说“大农罢工巧奴与从事，为作田器……受田器，学耕种养苗状。”这些都说明当时由于代田法而引起了新农具的制作和发明。很遗憾，《汉书·食货志》没详细说明到底制造和发明了哪些新农具，其构造、功能和使用方法到底如何。不过，北魏贾思勰的《齐民要术》一书曾提到过赵过发明的用于下种的耧：“其法，三犁共一牛，一人将之，下种挽犁，皆取备焉，日种一顷。”这种“三犁共一牛”的耧，可能就是三腿耧，与现在北方仍常用的两腿耧虽有区别，但在结构和使用的方法、原理上，可能是一致的。使用这种耧，“日种一顷”，比用手播或使用其他播种器显然快得多了。仅从这一种耧的发明和使用，我们就可以推知当时肯定会有更多的田器被改进或发明。汉武帝时铁器已经普遍推广，广泛使用铁器再加上农具的新改进和发明，必然改善以前铁器粗制滥造、不适合于耕种的情形。更加科学的铁器的发明和使用，必定会更进一步使耕作技术得到改进，进而提高当时的农业生产力。

（3）代田法的推行，运用了比较科学的试验和验证的方法。正如《汉书·食货志》所记载，赵过在推行代田法以前，首先在皇帝离宫旁的空地上进行代田法的试验，结果“课得谷皆多其旁亩一斛以上”，证明代田法确实能够达到增产的目的。一旦证明了代田法优于一般的缦田种植方法后，赵过便召集“令长、三老、力田及里父老善田者”，先教授他们新的农具使用方法和新的耕作方法、技术，即“受田器，学耕种养苗状”，再通过他们向广大农民普遍推广。赵过在推广代田法的过程中还十分注意听取改进建议，像当时很多农民都缺少耕牛，不能在雨后有利时机及时耕地，有一个退职的平都县令叫光的，建议赵过用人力拉犁。赵过便上奏皇帝让光作为他的副手，共同组织农民之间换工协助、共同以人力拉犁。当时，人多的一天就能耕 30 亩，人少的也能耕 13 亩，这样，更多的田地都被及时地开垦和耕种了。本来代田法就可以节省劳力、增加产量，通过多垦田地，农作物的种植面积和总产量都大大增加了。那时，代田法一直推广到边郡以及居延（今内蒙古额济纳旗）地区，“是后，边城、河东、弘农、三辅、太常民皆便代田、用力少而得谷多。”看来，代田法的发明和推广，真正达到了汉武帝富民的要求和目的了。

总之，赵过的“代田法”的发明和推广及由此而引发的新农具的制作使用，都为当时发展农业生产提供了坚实的物质、技术基础。加之汉武帝特别注意在全国相当部分地区极力推广代田法和新农具，使当时的劳动效率和土地单位面积的产量大大提高，再加之新垦辟出大量田地，农作物的总产量更是大幅度增加。随着农业生产的发展，农民的处境日益得到改善，当时的阶级矛盾也就逐渐缓和下来了，社会逐步趋向稳定。汉武帝提出的富民政策，特别是代田法的推行，在他死后的昭帝（前 86—前 74 在位）、宣帝（前 73—前 49 在位）统治时期终于显示出了它的巨大效果。《汉书・食货志》在介绍代田法后紧接着说，“昭帝时，流民稍还，田野益辟，颇有畜积;宣帝即位，用吏多选贤良，百姓安土，岁数丰穰”，保持着繁荣的“小康”局面，即后世所说的“昭宣中兴”。因此，汉武帝末年所推行的代田法，对当时以及后世社会发展的作用，都是不可小觑的（参见黄留珠主编 :《古都西安——汉武帝》，西安出版社 2015 年版）。

5. 榻前托孤，辅政“守文”

征和二年（前 91）“巫蛊之祸”以后，太子刘据被诬自杀，汉武帝有心立幼子刘弗陵为太子。因为弗陵年小，担心没人辅佐，让其母独断横行，于是，汉武帝在处死弗陵的母亲钩弋夫人的同时，又在精心挑选着日后辅佐少帝的大臣。要让只有几岁的刘弗陵担当起承继刘氏大业的重任，必须得有几个靠得住的辅臣。多年来，汉武帝也一直在专心物色最可靠的、足以担负起辅佐重任的人。

这时朝廷重臣有田千秋、赵过、桑弘羊 3 人。汉武帝十分信任田千秋和赵过，委任他们推行自己的富民政策；虽然汉武帝因改过自悔而拒绝了桑弘羊的轮台屯田建议，但桑弘羊仍不失为一位著名的理财专家，因此，汉武帝仍然十分信任他，委以重任。这 3 个人都是文官出身，将来定可以帮助少帝继续推行自己的富民政策，以完成自己未竟的事业。但是，汉武帝更渴求武官出身的大臣，以有足够的能力和权威来驾驭政局，稳固朝廷，辅助少帝治理国家。在武官中，汉武帝最亲信的人也有 3 个：一个是霍光，一个是金日磾，一个是上官桀。

武帝在临终前召集霍光等亲信大臣在病榻前托孤。《汉书·霍光传》载：

> 上以光为大司马大将军，（金）日磾为车骑将军，及太仆上官桀为左将军，搜粟都尉桑弘羊为御史大夫，皆拜卧内床下，受遗诏辅少主。明日，武帝崩，太子袭尊号，是为孝昭皇帝。

自从天汉元年就任大司农，到太始元年降职留用，在经历了几乎整整9年的等待后，桑弘羊的官职终于又得到更高的提升，也是最后一次晋升。它标志着桑弘羊已成为西汉王朝最高领导层的核心成员。

霍光（？—前68），字子孟，河东平阳（今山西临汾西南）人。因为和骠骑将军霍去病是同父异母兄弟，历任诸曹、侍中，奉车都尉、光禄大夫（参见《汉书·霍光金日磾传》）。据说他每次出入殿门，起步、行走和停步都有固定的路线和方位。一些好奇的郎官曾暗地里做上标记来检验，结果他每次出入竟完全相同，可见其谨慎和稳重。“巫蛊之祸”后，武帝政策转变。为了安排好继承人，以使其政策保持连续性，他经过反复斟酌，决定选择才学普通却忠诚、稳重的霍光来辅佐少子刘弗陵。《汉书·霍光金日磾传》云：

> 是时上年老，宠姬钩弋赵婕妤有男，上心欲以为嗣，命大臣辅之。察群臣唯光任大重，可属社稷。上乃使黄

金日磾塑像

门画者画周公负成王朝诸侯以赐光。后元二年春，上游五柞宫，病笃，光涕泣问曰："如有不讳，谁当嗣者？"上曰："君未谕前画意邪？立少子，君行周公之事。"

在武帝临终之前，霍光和金日磾、上官桀、桑弘羊等人一起接受武帝的托孤。

霍光被任为大司马、大将军，领尚书事。由于执掌着中朝，并且昭帝年仅 8 岁，因而霍光实际掌握着朝廷大权，"政事壹决大将军光"。霍光当权后，也确实是继续推行了武帝晚年的各项政策，所谓昭帝"承孝武奢侈余敝师旅之后，海内虚耗，户口减半，光知时务之要，轻徭薄赋，与民休息"(《汉书·昭帝纪》)。故经过一段时间的努力，终于就出现了"匈奴和亲，百姓充实"的安定局面。

金日磾（前 134—前 86），字翁叔，本为匈奴休屠王太子。元狩二年（前 121），匈奴浑邪王杀休屠王，并与其众投降汉朝。因为其父不降被杀，金日磾和其母及弟伦皆没官为奴，押解到黄门养马，时年 14 岁。金日磾养马认真负责，后来引起武帝注意，被任为马监。不久，迁侍中、驸马都尉、光禄大夫。“日磾既亲近，未尝有过失，上甚信爱之，赏赐累千金，出则骖乘，入侍左右”（《汉书·霍光金日磾传》）。由于为人特别谨慎，武帝对金日磾也非常赏识。

日磾自在左右，目不忤视（后宫）者数十年。赐出宫女，不敢近。上欲纳其女后宫，不肯。其笃慎如此，上尤奇异之。

后元元年（前 88）六月，金日磾又因察觉侍中仆射莽何罗对武帝的行刺并亲手抓获，被武帝遗诏封为秺侯。及武帝病重，嘱霍光辅佐少主，光让日磾，而日磾推辞说：“臣外国人，且使匈奴轻汉。”

他于是以车骑将军的职位被委任为霍光的副手。为了感谢金日磾的信任与支持，霍、金两家建立了亲家关系——霍光之女嫁给金日磾次子金赏为妻。昭帝即位之后，金日磾曾经积极协助霍光，不过仅仅一年多就病死（参见李晓丽编著：《汉武帝和他的文臣武将皇亲国戚》，上海科学技术文献出版社 2017 年版）。

上官桀（？—前 80），陇西上邽（今甘肃天水西南）人。少时为羽林、期门郎，因扈从武帝有才力，迁未央厩令。有一次武帝生病，病愈后视察马厩，见厩中马匹多瘦，武帝大怒：“令以我不复见马邪？”要把他下狱治罪。而上官桀竟叩头流泪说：“臣闻圣体不安，日夜忧惧，意诚不在马。”武帝“以为忠”，故非但没有怪罪于他，反而“由是亲近”，任命他为侍中。根据《汉书·李广利传》所记，在太初三年（前102）李广利讨伐大宛时，上官桀已升任搜粟都尉（不兼任其他职务的军官，与桑弘羊不同），并从军出征，率部攻破郁成国，以“敢深入”迁为少府。武帝晚年，上官桀被任为太仆。武帝临终前，上官桀以左将军与霍光等人共同受遗诏辅少主。

田千秋（？—前77），亦名车千秋，《汉书·田千秋传》载，“初，千秋年老，上优之，朝见，得乘小车入宫殿中，故因号曰‘车丞相’”。如前所述，田千秋以上书为卫太子鸣冤而得到武帝的重用，先是拜为大鸿胪，数月之后竟任为丞相，封富民侯。史称“千秋为人敦厚有智，居位自称，逾于前后数公”（《汉书·田千秋传》）。也就是说，他为人厚道，在前后几任丞相中还算是比较称职的。武帝临终前，他也是“受遗诏，辅道少主”的重臣之一。但他对于涉及权力的事情却总是小心谨慎，从不过问和参与。他对霍光的专权更是完全顺从。每当公卿朝会，霍光对田千秋说：“始与君侯俱受先帝遗诏，今光治内，君侯治外，宜有以教督，使光毋负天下。”田千秋就只说一句话——“唯将军留意，即天下幸甚。”由于他和霍光丝毫没有争权的意思，因而霍光对他也非常敬重，“每有吉祥嘉应，数褒奖丞相”。同时还不断提拔田千秋的亲属，其“弟为（函谷）

关都尉，子为（洛阳）武库令”，女婿徐仁为胶西太守，始元三年（前 84）又升任位列九卿的少府。从某种意义上说，霍光和他实际是建立了一种主、辅明确的合作关系。

然而桑弘羊却与田千秋不同。他身为职掌副丞相的御史大夫，也同样是受到武帝顾命的辅政大臣，看到霍光完全把持着朝政，心中颇为不满。桑弘羊本是一个“尚权利”的人物，我们从他后来在盐铁会议上的发言中，就可以明显地看出他的这种性格。霍光是武帝亲自选中的能够继续执行他这个政策的社稷之臣，事实证明，在他死后，霍光也确是忠实地按照他的意图行事。而桑弘羊则是在武帝前期政策中取得了巨大功绩和政治高位，所以当武帝发布“轮台诏令”，对他前期政策有所改变的时候，他就有抵触情绪。武帝死后，霍光仍然继续贯彻“轮台诏令”的政策，而他这个既得利益者自然就成了反对派（参见李晓丽编著：《汉武帝和他的文臣武将皇亲国戚》，上海科学技术文献出版社 2017 年版）。

就在汉武帝封拜 4 人臣辅弼少帝刘弗陵的第二天，他就病逝于五柞宫，安详地离开了人世。据《汉武故事》载：“丙寅，上昼卧不觉，颜色不异，而身冷无气。明日色渐变，闭目，乃发哀告丧。”看来，汉武帝对于自己精心安排的接班人是相当满意、相当放心的（参见黄留珠著：《古都西安——汉武帝》，西安出版社 2015 年版）。

汉武帝死后第二天，霍光等就把少帝刘弗陵扶上了皇帝宝座，这就是汉昭帝。他们以昭帝的名义为汉武帝治丧。经过一番隆重的礼仪之后，汉武帝被安葬于茂陵。前文曾经指出，茂陵为西汉帝王陵墓中最豪华的一座，不仅陵墓高大雄伟，而且里面埋藏着无数的奇珍异宝，修建这座陵墓，前后费时就长达半个世纪。直到今天，当人们来到陕西咸阳塬上汉代古墓前时，仍可以看出汉武帝的茂陵最为气派。

汉武帝立霍光等 4 大臣辅佐少帝刘弗陵，就像事先处死钩弋夫人一样，也是经过深思熟虑以后才决定的。他们都对汉武帝忠诚无二，定会按照汉武帝晚年确立的富民政策，遵循旧制，完成汉武帝未竟的事业。班固在评价昭帝的统治时说：“孝昭委任霍光……光知时务之要，轻徭薄赋，与民休息，至始元、元凤之间，匈奴和亲，百姓充实。”（《汉书·昭帝纪》赞）而汉武帝早在一年前就将钩弋夫人处死，避免了后宫的掣肘，使年幼的皇帝和忠诚的大臣能够齐心协力把国家治理好，保证了汉武帝的遗志顺利得到贯彻执行。总之，汉武帝对后事的周密安排，避免了身后发生内乱的可能，并为继续实行其晚年政策铺平了道路。昭帝统治时期，政局一直比较稳定，社会生产不断发展，自汉武帝以来的兴盛局面仍在继续。这些历史事实，也证明了汉武帝的临终安排是正确的和有远见的。

汉武帝刘彻谥号为“武”，是他死后大臣及朝廷根据他一生的活动和业绩选定的。“武”充分地概括了汉武帝一生尚武进取、积极开拓的个性与精神。汉武帝开创了我国封建社会的许多先例和规章制度，不愧为我国历史上一代雄才大略的帝王（参见黄留珠著 :《古都西安——汉武帝》，西安出版社 2015 年版）。

七、丝路文化，开启新时代

1. 丝绸之路的进一步拓展

我们知道，“秦皇汉武”，是后人常常并列提到的两个人，也出现在毛泽东的诗词中。汉武帝之所以能够和秦始皇并提，他们都具有开拓精神是很大的一个原因，而其中一个重要表现，就是派遣张骞“凿空”西域，开拓了陆上丝绸之路，由此使得中原王朝和中亚诸国第一次建立起了官方联系。从此，汉和西域各国来往日益密切。西域的核桃、胡萝卜、葡萄、苜蓿等作物传到中原，丰富了汉族人民的物质生活。汉朝的铁器、丝织品、凿井技术也传到西域，中国通往西亚欧洲的丝绸之路从此开通。

下面我们详细介绍一下丝绸之路的具体路线，这也从侧面展示了汉武帝时代的强大和汉武帝的丰功伟绩。

秦汉、魏晋南北朝时期的中外贸易可以划分为秦汉与魏晋南北朝两个时期。秦汉时期的中外贸易多经由西北陆路，这里，既有中国商人远赍货物，翻山越岭，“远者八、九岁，近者数岁而返。”又有“不绝于时日”的西方“商胡贩客日款于塞下”(《汉书·西域传》)。这一方面的贸易额占据着同期中外贸易额的绝对重头。

丝绸之路有南北两道之分。《汉书·西域传》称:“自玉门、阳关出西域有两道：从鄯善，傍南山北波河西行，至莎车为南道。南道西逾葱岭，则出大月氏、安息。自车师前王庭，随北山波河西行，至疏勒为北道。北道西逾葱岭则出大宛、康居、奄蔡。”《后汉书·西域传》也有类似的记载：“自鄯善逾葱岭出西诸国，有两道。傍南山北，波河西行至莎车，为南道。南道西逾葱岭，则出大月氏、安息之国也。自车师前王庭随北山，波河西行至疏勒，为北道。北道西逾葱岭，出大宛、康居、奄蔡焉。”可见，丝绸之路在我国境内，南道是由敦煌（今敦煌西）出阳关，过鄯善（本名楼兰，都城为扜泥，今若羌县治卡克里克），沿昆仑山北西行，经且末（今且末县，塔里木盆地东南）、精绝（今民丰县北）、于阗（今和田一带）、皮山（今皮山县）至莎车；北道是由敦煌出玉门关，越流沙，至车师前国（今吐鲁番），沿天山南西行，经焉耆（都城为员渠城，今焉耆西南20公里）、龟兹（今库车）、姑墨（今阿克苏）至疏勒（今喀什）。这条路之所以分南北两道，是因为在我国新疆境内有塔里木盆地、塔克拉玛干大沙漠的横隔，只能沿昆仑山北侧或天山南侧西行。

从阳关、玉门关向东，直至丝绸之路的起点——长安（今西安），是长安到新疆间我国国内交通的主要干线，又是丝绸之路在我国境内不可分割的一部分。这条商路又分为两段：一是从长安至河西走廊，二是河西走廊（甘肃走廊）。

长安至河西走廊的这段商路，也分为南北两道。北道是自长安，经咸阳、兴平、礼泉、乾县、邠县、长武、泾川至平凉，再经固原、古浪等地至武威。北道的开通是在西汉时期。南道是从长安出发，经咸阳、兴平、武功、郿县、宝鸡、汧阳、陇县、陇西、临洮等地，至青海的民和、西宁等地，再往北越祁连山过扁都口至张掖,在此与北道会合。以上是南北两条干线，此外，还有若干条支线（参见张一平著《丝绸之路》，五洲传播出版社 2005 年版）。

当时，中外贸易的主要通道有：

（1）西域道。西域道指经由西域地区通往中亚或其他地区的通道。在秦汉、魏晋南北朝时期，西域道主要有3条。南道：西汉时出玉门关西行，过盐泽至楼兰，经塔什拉玛干沙漠之南，沿昆仑山北麓西行，途中过且末、精绝、于阗、莎车，再西北行至疏勒与北道合，全长约1900公里。北道：西汉时亦由楼兰西行，经大沙漠之北，沿天山南麓西去，经尉犁、焉耆、龟兹、姑墨抵疏勒，全长共700公里。东汉时由于盐泽变迁，加之伊吾、车师都被汉朝控制，所以北道出玉门关后径直北行，经伊吾、高昌、焉耆、龟兹至疏勒。南北两道交汇于疏勒后，即合为一道，西越帕米尔高原，到达中亚古国大宛。由大宛前进，西北行可至康居、奄蔡，南行可入大月氏、身毒，西去可抵安息、罗马。这两条道路至魏晋南北朝时期仍沿用不衰，唯线路稍有变动。北新道：草原路或称“戈壁路”。此路自阳关北上，出伊吾到车师、高昌，由此穿越天山东麓缺口，取道准噶尔盆地，过卑陆、且弥，到乌孙，再西南行抵大宛。这条路萌生于先秦时代，但由于东汉以前匈奴势力一直控扼着沿途地区，此道也久为其垄断。至魏晋南北朝时期，北新道的利用率才渐渐提高，北周时，已是“商贾往来，多取伊吾路（北新道）”。隋唐时代，它与原北道成为西域道的两条干线道路。

（2）南海道。南海道指经中国南海西入印度洋的海上通道。西汉武帝时代，已遣商团由广东之合浦、徐闻出发，沿越南海岸，经马来半岛抵印度。这些商人“赍黄金、杂缯而往”，航行一年余，途经都元、邑卢没、湛离、夫甘都卢，抵黄支国（今印度建支补罗）。武帝以后，南海路仍时被利用。《汉书 · 王莽传》有“东致海外，南怀黄支”之语，可见此时汉朝与黄支仍有密切往来。巴利文的《那先比丘经》弥兰王（前后）与龙军和尚的一段对答中，龙军举的一个例子就讲到印度运货的船曾远至中国等地。东汉时期，大秦、天竺等地的使节与商人亦是由此道而来。魏晋南北朝时期，随着造船与航海能力的提高，南海航线的续航能力大大增强,不需像过去那样只沿岸近海航行了。因此，这一时期的南海航线更加繁忙，许多取经僧人也道经南海。东晋高僧法显在从狮子国(今斯里兰卡)归国时，即随当地“商人大舶”而返，刘宋时僧人昙无竭等 25 人亦是由南天竺（“天竺”为我国古代对印度和巴基斯坦等南亚国家的统称）“随舶放海”达于广州（均见《高僧传》卷三）。由此可见南海道利用率之高。

（3）永昌道。永昌在汉代时为西南重镇,东汉设郡，领有今云南腾冲与缅甸八莫一带，处于中、印、缅古道要冲(《华阳国志》卷四称：本郡中有“闽、濮、鸠、獠、僄、越、裸濮、身毒之民”。身毒即印度，僄为缅甸，裸濮当为孟加拉湾沿岸的裸人国。书中又称：郡中有黄金、光珠、孔雀、犀象、水晶、琉璃、蚌珠、蚕桑、绵绢、采帛、文绣等，应有尽有，成为西南边境中外贸易的重要口岸)。自永昌除可沿储路(中印缅路)抵印度外，还可缘水路到达更多的地区与国家。《后汉书》称“掸国西南通大秦”(“大秦”是当时中国人对罗马帝国，包括近东地区的称呼)。东汉时期，大秦国人已由海路抵缅甸，经永昌到达中国洛阳。魏晋南北朝时期，大秦一直“有水道通益州永昌郡”。此外，由永昌沿伊洛瓦底江入孟加拉湾，可由海路至南印度，亦可抵南海诸国。

(4)东海道。东海道是由中国大陆或朝鲜半岛跨海至日本的路线。在秦汉、魏晋南北朝时期，中日间的人员往来多经由朝鲜半岛，直接由中国东部沿海往日本者比较少见。因此，朝鲜半岛南部的辰韩(百济)成为东海道的重要中继站。由此南下,可抵日本的山阴、北陆地区。这主要借助于日本海上里曼与对马两大海流所形成的沿周围陆地左旋的环流。在这一环流作用下，辰韩地区的船只多可自然漂流至日本列岛。此外，由辰韩或弁韩出发，还可经对马、远瀛(冲绳岛)、中瀛(大岛)等岛屿，抵达筑前的胸形(宗像)一线。至隋唐时代，中日间才较多地直接跨海往来(参见沈济时著:《丝绸之路—世界的中国—文史中国》，中华书局 2010 年版)。

2. 汉代文明与文化的对外交流

商品是经济文化的载体，经济贸易也是文化的交流手段，中外贸易的开展，推动了中国先进经济文化与域外各国文化的相互传播，中外文化相互交融，互补互长，共铸辉煌。当然，汉代的中国经济文化位居世界前列，相对于其他国家和地域，占有绝对优势，因此，中国物质文明和精神文明对世界的影响更为显著。

汉代时中国经丝绸之路输出的商品种类丰富，既有被西方人视为奢侈消费品的丝绸、漆器，也有铁器等生产工具，还有中国特有的植物品种，如肉桂、生姜、谷子、高粱等，其中最为重要的是丝绸及铁器。《史记·大宛列传》记载：自大宛以西至安息“其地皆无丝漆，不知铸铁器”。沿着丝绸之路，中国丝绸源源不断地被输往西方。近代以来，在丝绸之路沿线很多地方都曾发现汉代丝织物，有的甚至是成捆的丝绸埋没在干燥的沙漠中。中国丝织品丰富了西方各国人民的衣着，美化了他们的生活，如罗马皇帝恺撒和埃及王后克娄奥巴特拉都以穿着中国丝绸制成的锦袍为荣耀。中国丝绸的精妙绝伦日益为东西方各国所认识，他们在花费重金进口中国丝绸的同时，也竭力寻求获得中国的养蚕缫丝技术。在汉代时，中国中原地区的养蚕缫丝技术大体上已传到新疆地区。唐代高僧玄奘在其

《大唐西域记》中记载了一个关于蚕种西传的故事。该书记载，瞿萨旦那国（即古于阗国）原来没有养蚕缫丝业，后来听说其东方邻国有蚕桑，于是派使臣前去求取，然而被东国国王拒绝。东国国王还下令边关严防蚕桑之种被人携带出境。瞿萨旦那王只好卑辞下礼，派人向东国求婚，东国国王答应了这一要求。瞿萨旦那王令迎娶使臣告诉东国公主说，我国历来没有丝绵桑蚕，你可以把蚕桑之种带来，将来好为自己做衣服。东国公主接受了这一建议，私下将桑蚕种子放入帽絮中。当他们抵达边关，守卫关卡的官员仔细检查了所有的物品，只有公主的帽子不得检查。这样，桑蚕之种就被带入瞿萨旦那国。从此，瞿萨旦那国开始了养蚕缫丝业。王妃还令人刻石立碑规定：严格保护蚕桑，不得随意杀伤，违者处以严厉的刑罚。此故事还见于藏文《于阗国授记》。公元 1900 年，斯坦因在和田丹丹乌里克遗址中发现了一块木版彩画，该画生动地描绘了上述故事。画面中央绘一盛装贵妇，坐于其间，头戴高冕，两旁跪着两位侍女，左边侍女以右手指贵妇之冕，画面左端绘有一篮，其中盛满形同果实之物，右端有一多面形之物。经斯坦因考证，画中的贵妇就是上述的东国公主，侍女手指贵妇之冕，意为冕下藏着公主带出来的蚕种，左边篮子里盛的是蚕茧，右边不规则之物为纺织用的纺车。由此可见，这一传说并

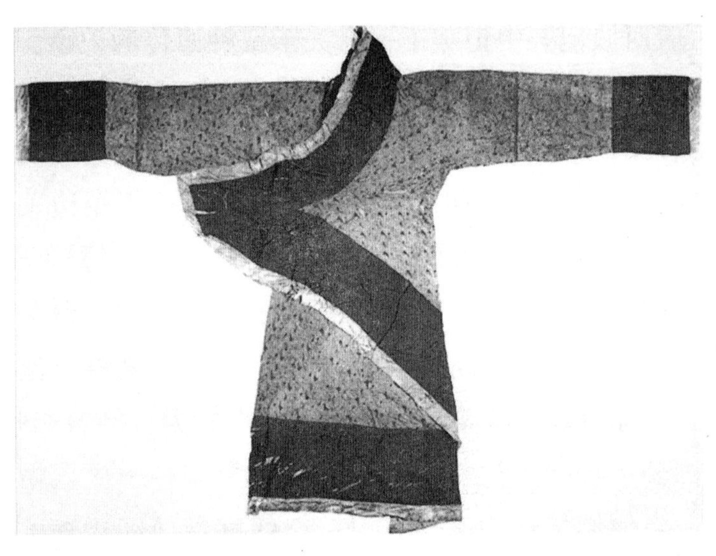

汉代丝织品

非完全属于虚构。另据考证，文中的东国，并非指汉帝国，可能是指于阗以东的鄯善国。汉代中原的养蚕缫丝技术除了沿着丝绸之路向西北地区传播外，还沿海路传入朝鲜、日本及越南等地。《齐民要术》说:“(汉代)日南(今越南北部)蚕八熟。”(参见北京大陆桥文化传媒编著 :《丝绸之路世界商贸之路探寻》, 中国青年出版社 2008 年版)

除丝织品外，汉代中国输出的商品还有漆器、铁器、釉陶、纸等。近代在阿富汗喀布尔以北的一个佛教寺院遗址中曾发掘出汉代的漆奁、漆盘和漆耳杯。纸是两汉时期中国人的一项伟大发明，东汉时，中国已成批生产纸张了。这种价格低廉、携带方便、书写容易的材料很快成为中外商人经营的一种新商品。它首先经由丝路传入新疆。新中国成立后，在新疆很多地方出土有汉代中原地区所产的植物纤维纸。这一时期，纸还越过葱岭传到印度的西北部。汉代的冶铁技术和水利灌溉技术也传播到域外，中国汉代的铁制品以精良的品质享誉世界。公元前 2 世纪，大宛人学会了中国铸铁技术，此后再由其传入安息。中国铁器传入安息后，在木鹿被锻造成武器，锋利无比，所以罗马史家普鲁塔克将安息武器称为“木鹿武器”。到公元 1 世纪，中国铁器也大量流入罗马。普林尼（意大利当年百科式的作家）曾说：“赛里斯送来的铁最优秀。”汉代中国的铁器也传入印度，故梵文中将中国铁器称为“支那生”。此外铁及铸铁技术也沿着海路传入东南亚，如在今越南北部，汉交趾太守任延教会当地人铸造铁制农具，《后汉书·任延传》记载：“九真俗以射猎为业，不知牛耕，民常告籴交趾，每致困乏。延乃令铸作田器，教之垦辟，田畴岁岁开广，百姓充给。”近代在印尼爪哇岛也曾出土汉代铁器。

中国商品及其制造技术的传播，特别是铁及冶铁术的输出，改进了世界各地的生产工具，大大提高了其劳动生产力水平，从而丰富了东西方各国人民的物质生活，促进了当地的社会进步。

随着对外贸易的开展，汉都长安逐渐成为国际大都会。史载长安“明珠、文甲、通犀、翠羽之珍盈于后宫，蒲梢、龙文、鱼目、汗血之马充于黄门，巨象、狮子、猛犬、大雀之群食于外囿，殊方异物，四面而至”(《汉书·西域传赞》)。东西方各国物品源源不断地流入中国，中亚北部诸国如康居、奄蔡等，盛产毛皮，汉代时大量输入中国，因此汉都长安等大城市出现了不少专营毛皮的商店，不少毛皮富商被比作“千乘之家”，富比王侯。此外，中亚，西亚及大秦的毛纺织品也不断进入中国，史籍记载，月氏、罽宾、身毒都出产一种毛毯，称氍毹，其中以月氏所产最为有名。从罗马贩运来的毛纺织品，种类繁多，质地精良，史称，其质“皆好，其色又鲜于海东诸国所作”(《三国志·魏略》)。随着毛织品的输入，其生产制造技术也逐渐被我国汉代新疆各族人民吸收，对于新疆地区毛纺织业的发展起了有益的作用（参见方明著：《中国红丝绸之路》，黄山书社 2013 年版）。

汉朝从中亚、西亚进口的最大宗的货物是马匹，汉代中国作为传统的农耕地区，马的品质低劣，数量亦有限。汉初，一些王公贵族出行只能乘牛车。为适应对匈奴战争的需要，汉王朝不断引入域外良马。张骞第二次出使西域，即从乌孙带回好马数十匹，被汉武帝称为“天马”。以后，大宛国的汗血马进入中国，更以其优良的品质夺得“天马”的美名，乌孙马被改称为“西极马”。到东汉时，月氏马、安息马也输入到中国，班固在给班超的信中称：“今赍白素三百匹，欲以市月氏马、苏合香、氍毹。”（《班固与弟超书》）中亚、西亚良马的成批引进，大大有助于中国马种的改良，对于汉代及后世畜牧业的发展起了有益的作用。汉武帝末年，仅中央直接掌管的军马就达到40万匹之多，民间“农夫以耕载，而民莫不乘骑”，马已成为农业生产及交通运输的重要工具了。

中亚、西亚的一些植物品种也传入中国，其中主要有：葡萄、苜蓿、石榴、胡麻、胡豆、胡桃、胡瓜、胡荽、胡蒜等。葡萄又称“蒲桃”或“蒲陶”，原产西亚，汉代时已传入中亚各地，大宛、康居、大月氏、龟兹、车师等地都盛产葡萄及葡萄酒。如龟兹富户能收藏1000担葡萄酒；大宛富人藏酒至1万余担，“久者至数十岁不败，俗嗜酒”（《史记·大宛列传》）。汉使取种于大宛，葡萄传入中原，先在宫中种植。《汉书·西域传》记载：汉武帝时离宫别观旁尽种葡萄，以后逐渐推广到民间。苜蓿也来自大宛，是汗血马的饲料，随汗血马的输入被引种到中国。石榴来自安息或中亚。胡麻即芝麻，据称来自大宛。胡桃即核桃，来自安息。胡豆即蚕豆，来自中亚或安息。胡瓜即黄瓜，原产埃及，汉代乌孙、大月氏等地都有种植，并由此传入中国。胡荽又称“芫荽”或“香菜”，胡蒜即大蒜，均来自中亚或西亚。这些植物新品种的引入，大大丰富了中国农作物品种，使汉代农业生产体系趋于完善。

此外，从境外输入到汉代中国的物品中还有为数众多的奢侈品、奇禽异兽。汉武帝时，“殊方异物，四面而至”(《汉书·西域传赞》)。其中有来自大秦的夜光璧、珍珠、琥珀、珊瑚、火浣布、海西布、琉璃，来自身毒的大象、犀牛、孔雀、玳瑁，来自安息的狮子、鸵鸟等。这些珍奇异物的输入，尽管主要是供统治阶层奢侈享受，但它也开阔了人们的眼界，如在中国工艺美术品中出现了大量狮子等造型的图案，对于中国手工艺品的发展起了有益的作用。

与此同时，两汉时期中国也大量吸纳外来文化。由于国外珍禽异兽的传入，中国石雕艺术的题材中出现了狮子及长颈鹿的造型；域外植物的输入，使铜镜及丝织品的图案中出现了葡萄文饰。汉武帝时，经安息传入了大秦的魔术。这一时期，传入中国的外来文化中最为重要的是印度的佛教。大体在公元前80年，有印度僧侣跟随商人来到于阗，佛教在新疆逐渐传播。随着佛教的传入，古代印度犍陀罗地区深受希腊文化影响的犍陀罗艺术也传入中国，使汉代中国的佛教雕刻、绘画及建筑艺术别具风采。佛典的翻译对中国文学、史学都产生了深远的影响。总之，以中外经济交流为基础的文化交流的开展，使两汉时期的中国文化丰富多彩、璀燦夺目（参见荣新江著：《丝绸之路与东西文化交流》，北京大学出版社 2015 年版）。

3. 海运与造船业的大发展

航运代替陆运是世界经济贸易发展的必然趋势。早在丝绸之路的早期阶段，我国已经开辟海运航线，发展海上贸易。西汉已有从广东出海远航印度的航线，根据《汉书·地理志》记载，我国历史上的第一条远洋航线是："自日南障塞、徐闻、合浦船行可五月，有都元国；又船行可四月，有邑卢没国；又船行可二十余日，有湛离国；步行可十余日，有夫甘都卢国。自夫甘都卢国船行可二月余，有黄支国。"徐闻、合浦是广东最早的贸易口岸。徐闻在雷州半岛南端，合浦古称"廉州"，在今北海市北面，西汉的远洋船就从这里出发，政府官员、翻译官和应募而来的贸易人员，就在徐闻、合浦入海，沿着印度洋航线，带去黄金，各色丝绢、"市明珠、璧流离、奇石、异物"。西汉武帝以来，黄支国多次遣派使团来到汉朝中国，互通有无。由于这条南海—印度洋航线交换的货物主要是中国的丝绸和国外的香药，因此被称为"丝香之路"。在打通陆上丝路的同时，中国也开辟海上丝香之路，其航程也像陆道一样逐步扩展。

秦汉早期的海上航程还是很有限的，中国商船大致在马来半岛停泊，商使一般上陆转船，再航孟加拉湾、印度。船从徐闻、合浦出海后，航行于北部湾，再出南海，航进暹罗湾，在马来半岛的克拉地峡登陆，“步行可十余日”，进入缅甸境内的夫甘都卢国。再由缅甸西航，过孟加拉湾，到达印度东南海岸的建支补罗。在当时的条件下，还不可能直运，转船是通常的，所以《汉书·地理志》也说：“蛮夷贾船，转送致之。”所谓“蛮夷贾船”，也就是外国商船，早期航程还得请他们转动。不过，从克拉地峡上岸，海陆转运的时间并不很长，随着贸易来往的增加，中国和印度洋国家的商船就直接沿着马六甲海峡航行，进行直接贸易了（参见国家文物局编：《海上丝绸之路》，文物出版社 2014 年版）。

印度洋到南海的航线，是世界上最早的海外贸易地区，古罗马帝国和中国的海上贸易，也就是在这条远洋航线上逐步展开的。在这条航线上，印度洋中的印度、锡兰（今斯里兰卡），南海的苏门答腊，是贸易的中转环节。

古罗马商人欲通中国，陆上受到波斯阻碍，但东方的丝绸、香料贸易深深吸引着他们。罗马商人从埃及的红海古港迈奥霍穆扬帆出海，每年发船 100 余艘，远航印度洋，东抵印度的马拉巴海岸和锡兰岛。在印度港口，中国商人、印度、波斯和罗马的商人们互易货物。中国人主要以丝帛为大宗商品，换取香料、象牙、珠宝、犀角之类的货物；罗马商人则将丝绸之物运往红海港口，再用骆驼队驮运到尼罗河，然后溯河到埃及的亚历山大港。亚历山大港是地中海的转运中心，从这里又运往罗马帝国的安都城(今土耳其的安塔基蓝)，再和横贯亚洲大陆的丝绸之路西端联结起来。关于这条远洋航线西端的情况，公元3世纪的《三国志·魏略》对古罗马的记载，已较前清楚了："其国在海西，故俗谓之海西。有河出其国，西又有大海(地中海)。海西有(乌)迟散城。"亚历山大港是罗马帝国的海外行省，是地中海、印度洋和远东货物的集散地。当时红海与地中海之间被苏伊士地峡所阻，是不能通航的，因此仰赖尼罗河南航，再陆行至红海，出航到印度洋来贸易。早期的印度洋丝路贸易，虽然转辗贩易，但还是能够相互交流的。陆上丝道的中转地是安息(伊朗地区)，海上丝路的居间地是天竺(印度地区)，汉与印度做贸易时，就与罗马商人在天竺相会。所以《后汉书·天竺传》说："天竺国一名身毒(印度)……西与大秦(罗马)通，有大秦珍物……"当时中国和罗马的商船，各自东西方向驰往印度，进行东西方贸易。因此，古埃及女王克娄巴特拉、罗马统治者恺撒及其宫廷能够得到中国丝锦袍服，而中国也由此得到海西琉璃、香药和幻人(魔术师)。两汉时，南海——印度洋丝路航线虽未全通，但已初具规模。

汉代的海上活动亦进入了一个新时期。特别是到西汉中期的汉武帝时代，雄才大略的汉武帝锐意拓边，以加强并巩固大一统的封建帝国。他一方面派大军北击匈奴，另一方面派水师出击割据东南的百越。建元三年（前138），闽越（其中心在今福建福州）发兵攻东瓯（中心在今浙江永嘉），汉武帝派严助率会稽郡水师渡海，救援东瓯，东瓯遂为西汉的直接辖区。建元六年（前135），汉又发兵攻闽越。元狩四年（前119），汉取得对匈奴战争的决定性胜利，北方边患缓解，汉武帝便开始集中力量解决南越（包括今两广及越南北部，其中心在今广东广州）问题。元鼎五年（前112），武帝派遣路博德、杨仆率军攻南越。南越平定后，汉在其境内设立了珠涯（今海南琼山）、儋耳（今海南儋县）、南海（今广东南海）、仓梧（今广西苍梧）、郁林（今广西贵县）、合浦（今广西合浦）、交趾（今越南北部）、九真（今越南青化）、日南（今越南义安）等郡。至此，中国南方沿海航路畅通。随后，汉武帝又将注意力集中于北方海域。汉初，卫氏朝鲜为汉外臣，然而并不服从于汉，不但攻杀辽东地方官吏，而且阻断朝鲜半岛上的其他小国与汉的交往及海上航路。元封二年—三年（前109—前108），汉武帝遣左将军荀彘出辽东从陆路出击，同时派楼船将军杨仆率兵5万，从山东渡渤海、黄海，沿水路进攻卫氏朝鲜之都王险城。汉取胜后在朝鲜半岛北部建立了玄菟、乐浪、真番、临屯4郡。至此，汉王朝海疆稳固，沿海航路畅通无阻，为中外海上交通贸易的发展创造了前提条件（参见沈济时著：《丝绸之路—世界的中国—文史中国》，中华书局2010年版）。

与沿海开拓相互促进的造船、航海业也有了巨大的发展。汉代船舶，在载重量上较前大大提高了。《史记·平准书》记载，汉代“楼船高十余丈”。《太平御览》中称汉代船“大艄所出，皆受万斛”。这些记载虽有夸大之嫌，但一定程度上反映出历史的真实面目。而据1974年考古工作者在广州发掘的汉代造船工场遗址推断，“汉代常用船长度为20米左右，载重500—600斛（合25—30吨），少数大船可能要大些。”此外，汉代较大型的船舶已经采取了横隔舱的结构，使船舶结构强度及抗击沉没能力大大提高，为远洋航行提供了可能。

打通沿海航路后，为进一步扩大汉王朝的政治影响，并获取海外奇珍异宝，汉武帝派出远洋船队驶往印度洋，由此开辟了南海印度洋航线。《汉书·地理志》记载，自日南障塞、徐闻、合浦船行几月，到达黄支国（印度），这里“民俗略与珠崖相类。其州广大，户口多，多异物。自武帝以来，皆献见。有译长，属黄门，与应募者俱入海，市明珠、璧流离、奇石、异物，赍黄金杂缯而往。所至国皆禀食为耦，蛮夷贾船，转送致之。……自黄支船行可八月，到皮宗；船行可二月，到日南、象林界云。黄支之南有已程不国，汉之译使自此还矣。”这段记载告诉我们，汉武帝时，曾派遣黄门（汉代皇帝近侍内臣的衙门，以宦官为主）中官为译长，率领招募来的商人、水手，携带黄金及大批丝绸远航海外，购买海外的珍珠、宝石及各种珍奇异物。

汉代远洋航行的出航地点为雷州半岛的徐闻（今广东徐闻县）、合浦（今广西合浦县），沿途经过诸多古国，倭奴国位于今日本九州北部福冈市。光武帝所赐金印已于1784年在日本九州志贺岛发掘出土，为这一时期中日交往提供了佐证。随着中日交往的深入，中国的丝绸、铜镜、铜剑等商品相继输入日本。公元199年，中国的蚕种也经朝鲜半岛传入日本。

4. 对外关系和交往的日渐发展

汉武帝时期，对外交往日渐频繁，我国与东亚、中亚各国都有着频繁的经济贸易和对外往来。

（1）与东南亚各国的交流。

越南地区与中国很早就产生了经济文化的交流与联系，秦汉时期进一步加强。秦统一过程中，就与越南北部的雒越人有了直接接触；秦汉之际，秦派往南海的地方官赵佗建南越国，把处于部落联盟阶段的雒越人的国土分为交趾、九真2郡；汉武帝时，又分其地为交趾、九真、日南3郡，并分别委派太守，东汉时期，一仍其旧。这样，中国的先进技术与文化源源不断地传入这一地区。

马来半岛与印尼列岛在秦汉时期尚处在原始社会阶段，但当地居民已直接或间接地与中国居民产生了交往与联系。马来半岛上就发现有公元前3世纪以来的中国青铜器，有些学者还认为汉武帝的南海航线上中国船队的重要抛泊港皮宗，就是马六甲海峡中的“毗宋屿”，位于今新加坡西南。今新加坡国家博物馆内还陈列有一件典型的“汉代鑵鼓”，这对证实中国与马来西亚半岛的交往具有重要的意义。

（2）与日本列岛的交往。

西汉时期，即有了比较可靠的与日本交往的记载。《汉书·地理志》记道：“乐浪海中有倭人，分为百余国，以岁时来献见。”两国开始交往的时间当在武帝设置乐浪4郡后，故《后汉书·东夷传》称“自武帝灭朝鲜，使驿通于汉者三十余国”。武帝以后，汉王朝继续与日本诸国（诸部落）保持着友好关系（参见荣新江著：《丝绸之路与东西文化交流》，北京大学出版社2015年版）。

（3）与中亚、西亚诸国的交往。

大月氏人最初居住在中国西部的敦煌、祁连山一带。公元前 2 世纪初被匈奴击破，西迁至中亚阿姆河流域，民众 40 万，拥兵 10 万，并于公元前 126 年统一了大夏国，迁都阿姆河南的兰氏城，成为中亚强国。在它攻灭大夏前 2 年，西汉使者张骞曾专程来访，但此后若干年，大月氏与中国王朝来往不多。至公元前 1 世纪中叶，大月氏五翕侯之一的贵霜翕侯丘就攻灭其他诸部，建立了强大的贵霜帝国，它与中国王朝的接触也日渐增多。

大宛为中亚古国，约在费尔干纳盆地，都城是贵山城，即今塔吉克斯坦的列宁纳巴德，是一个较发达的亦牧亦农国家，盛产稻、麦、葡萄酒，且多良马，以汗血马为著。所属城邑 70 余座，人口数十万，是中国通往西方的枢纽。张骞第一次出使西域时便到了大宛，沟通了两国关系，并且由大宛国王派专人引导至康居、大月氏诸国。张骞第二次出使西域时，遣副使访问了大宛，并与大宛使者一并返回汉朝。太初元年（前 104），汉武帝派专使到大宛，愿以千金和金马换取大宛的汗血马，被大宛拒绝。大宛又依附于匈奴，劫夺过路汉使财物，杀戮汉使。武帝任李广利为贰师将军，率军大举远征大宛。第一次出征，未至大宛，便被郁成国击溃。太初四年（前 101），李广利再次西征，围

楼兰古城遗址

困大宛城40天，大宛被迫求和。汉朝取其良马数十匹，中马以下3000匹，又杀旧王，改立新王，并使其遣子弟至长安为质，与之结盟而还。这次远征虽然保障了中西陆路交通的畅通，但也给大宛和汉朝人民带来了深重的灾难。两汉之交，大宛一度被莎车所并，后复独立，仍与东汉有着比较频繁的往来。

康居，分布在锡尔河下游及其以北地区（今乌兹别克斯坦撒马尔罕一带），为古伊兰人建立的中亚国家，其国在大宛西北约1000公里，西汉时有户12万，人口60万。张骞第一次出使西域时也到达了康居国。第二次出使西域时，遣副使抵康居，并与康居使者返回汉朝。此后，康居与西汉王朝建立了友好关系。

汉代称今天的伊朗一带为“安息”。秦汉时期，正是伊朗历史上的帕提亚时代，这一王朝的建立者阿萨息斯，被当时的中国人译为“安息”，故又径称其国为“安息国”。汉武帝时，安息国在密斯利得斯二世统治下，国势强盛，领有妫水之西、黑海之南的广大地区，是东西交往的枢纽。张骞第一次出使西域时，便对安息作了比较全面的了解。现已知道安息在大月氏西约几千公里处，拥有大小数百城，地方数千里，北接康居，西连条支（今伊拉克地区），东面乌弋山离，商贾车船行于邻国。元狩四年（前 119），张骞第二次出使西域时，遣副使出使安息，安息王遣将率 2 万骑迎于东界，又发使随汉使节至汉，并赠大鸟卵 (鸵鸟蛋) 及黎轩眩人于汉。此后汉王朝与安息帝国建立了正式联系，安息国在汉王朝与西方世界交往中充当重要媒介。

（4）与朝鲜半岛的交往

自古以来，中国与朝鲜半岛地区间的人口迁徙就十分多见。《三国志》载，至陈胜起义爆发后，“天下叛秦，燕、齐、赵民避地朝鲜数万口”，朝鲜王箕准置之于西部，他们带去了先进的农业生产技术与铁器等生产工具。西汉初年，燕王卢绾叛汉入匈奴，燕人卫满率 1000 余人前往依箕准，箕准拜其为博士，封地百里，后卫满取而代之自立为王，都王险城(即今平壤)，史称卫满朝鲜。卫满朝鲜时代与汉朝的人员往来更加频繁，中国人不断地徙往朝鲜，史称卫满之孙右渠时，“所诱汉亡人滋多”。朝鲜居民亦不时有移徙中国地区者，武帝元朔元年(128)涉君南闽就曾“率二十八万口诣辽东内属”。两地间的人口交流直接促进了中朝人民的经济交流与联系。

卫氏朝鲜立国之初，与汉保持着密切的友好关系，汉惠帝与高后朝，辽东太守约卫满为外臣，并与之相约，使其“保塞外蛮夷，毋使盗边”。至武帝朝，值卫满孙右渠为王，武帝以其“未尝入见”，于元封二年(前109)秋，遣楼船将军杨仆、左将军荀彘分两路进攻卫氏部将右渠，右渠率兵抵抗，汉军屡败，最后由于卫氏统治集团内部分裂，右渠为臣下所杀，卫氏朝鲜亡。武帝在其统治区内设置真番、临屯、乐浪、玄莬4郡，后渐以弛废。这一时期，中国王朝与卫满朝鲜的交往十分频繁。后来在故卫氏朝鲜范

汉代漆器图

围内，多次出土西汉时期的铁器、铜器、漆器与丝织品，表明中国与朝鲜半岛当年密切的经济文化联系（参见陈凌、莫阳、刘庆柱、杜文玉著：《丝绸之路与古代东西方世界的物质文化交流》，三秦出版社 2015 年版）。

总之，汉武帝时期，在国内采取积极的经济财政政策，努力发展农业生产的同时，努力开展对外的经济文化交往，他所开辟的陆上和海上丝绸之路开创了汉代发展繁荣的新时代，也大大促进了世界文明的进步和发展。

后记

“一带一路”相关国家众多，代表性人物众多，为中外交好、民心相通作出杰出贡献的人士众多。因此，为“一带一路”璀璨群星立传，既使命光荣，又责任重大。在这项浩大工程的策划、组织、执行过程中，有许许多多的志士参加了有关传主的名单征集和审定，以及写作、翻译、审读、编辑、出版、筹资、联络等繁重而琐细的工作。所有参与的人员，以拳拳报国之心，尽深厚学养之力，克服了时间紧、任务重、要求高、压力大等诸多困难与挑战，最终圆满完成了任务。在本书付梓之际，丛书编委会特向参与本项目的全体同志致以崇高敬意和衷心感谢！

同时特别需要鸣谢的是，提出策划并领导实施此项目的中国传记文学学会会长王丽博士。王博士长期从事法律实务工作，经验丰富，并由于她担任“一带一路服务机制”主席职务的原因，她对相关国家、对走出去的“一带一路”建设者和广大青少年的需求了解真切，提出应当为他们写一套介绍各国典型人物的简明易读的传记，为他们提供健康的精神食粮。她把这项“额外”的工作当成了事业，联袂商会筹集资金、苦口婆心招揽作者、精心挑选传主名录、夙夜青灯挥笔写作、近乎偏执逐字推敲，可谓亲力亲为呕心沥血。面对如此浩大的出版项目和繁重的出版任务，中国出版集团华文出版社不但毅然承担了出版任务，而且集团和出版社的领导与中国传记文学学会的负责同志一起协商，寻求有关部门的支持和帮助，努力将该传系打造成高质量的精品好书。在此，我们特向项目牵头人和中国出版集团公司、华文出版社的相关领导和编辑致以崇高敬意和衷心感谢！

更让我们感动的是，在项目实施过程中，一些富有家国情怀的民间商会和企业家的慷慨解囊，虽不足以支撑项目的全部费用，但是他们所表现出的热心和支持，让我们坚定了走下去的信心和决心。在此，我们要特别鸣谢为本项目的创作与出版做出捐赠支持的中国民营经济国际合作商会、亿阳集团股份有限公司、富通集团有限公司以及太平洋证券股份有限公司，并对他们的拳拳报国之心和慷慨无私帮助致以崇高敬意和衷心感谢！

一项伟大的事业，离不开许多默默无闻的奉献者。在本传记系列的组织、编写、出版过程中，有历史、文学、科研、外交、教育、法律、翻译、出版等领域的数百位专业人士参与，恕不能在此处一一详列。需要特别提出的是，鞠思佳、景峰等同志为组织联络、收集资料到处奔波而毫无怨言，唐得阳、唐岫敏、白明亮、谭笑等同志在编写、翻译和编辑、校对过程中的细致与负责让我们感动，赵实、胡占凡、高明光、吴尚之、刘尚军、李岩、王灵桂、李永全、陈晓明、许正明、宋志军等同志睿智的指点和专业的帮助让我们避免了许多弯路。在此，我们特向以上各位同志致以崇高敬意和衷心感谢！

当然，由于我们水平所限，本丛书难免有某些不尽如人意和瑕疵之处，敬请学界专家和各位读者不吝赐教，我们将在作品再版之时予以完善。在此，我们也向各位读者提前表示崇高敬意和深深感谢！

“一带一路”列国人物传系编委会
2018年3月8日